Margaret J. Rinck

Können Christen zu sehr lieben?
Beziehungsabhängigkeit überwinden

Margaret J. Rinck

Können Christen
zu sehr lieben?

Beziehungsabhängigkeit überwinden

Blaukreuz-Verlag Wuppertal
Blaukreuz-Verlag Bern

Margaret Josephson Rinck wuchs in einer engagierten christlichen Familie auf, erhielt 1979 von der Universität Cincinati die Doktorwürde für religiöse Erziehung (M.R.E.) und war Lehrbeauftragte der Presbyterianischen Kirche in Cincinati, Ohio. Zusammen mit ihrem Mann John führt sie eine therapeutische Praxis. Als Psychologin betreut sie Angehörigengruppen von Alkoholabhängigen und Gruppen von beziehungsabhängigen Frauen. Darüber hinaus ist sie durch ihre Vortragstätigkeit und ihre Bücher bekanntgeworden.

Dieses Buch ist meinem Mann John Carl Rinck gewidmet, ohne den es nie entstanden wäre. Vor allem aber soll es Jesus Christus verherrlichen.

Die Deutsche Bibliothek – CIP-Einheitsaufnahme

Rinck, Margaret J.:
Können Christen zu sehr lieben? : Beziehungsabhängigkeit überwinden / Margaret J. Rinck. [Übers.: Reinhilde Klatte; Ingrid Westmeier]. – Wuppertal : Blaukreuz-Verl. ; Bern : Blaukreuz-Verl., 1993
  (TELOS ; 1352 : Paperback)
  Einheitssacht.: Can christians love too much? <dt.>
  ISBN 3-89175-085-4 (Wuppertal) Pb.
  ISBN 3-85580-327-7 (Bern) Pb.
NE: TELOS-Bücher

© 1993 der deutschen Ausgabe: Blaukreuz-Verlag Wuppertal
© 1989 der amerikanischen Ausgabe: Margaret Josephson Rinck, erschienen bei Zondervan Publishing House, Grand Rapids, Michigan / USA, unter dem Titel: „Can Christians love too much?"
Alle Rechte vorbehalten.
Übersetzung: Reinhilde Klatte / Ingrid Westmeier
Titelgestaltung: Eberhard Platte
Fotosatz: Blaukreuz-Verlag Wuppertal
Druck und Herstellung: St. Johannis-Druckerei, Lahr

ISBN 3 89175 085 4 Blaukreuz-Verlag Wuppertal
ISBN 3 85580 327 7 Blaukreuz-Verlag Bern

Inhalt

5

Vorwort

Den folgenden Text hat eine meiner Patientinnen geschrieben, die daran arbeitet, ihre Beziehungsabhängigkeit zu überwinden. Sie hat diese Gedanken für sich selbst als Gebet verfaßt und mir zur Veröffentlichung überlassen. Es will verständlich machen, wie Beziehungsabhängigkeit erlebt wird und wie sie sich auswirkt.

Im Innern bin ich ganz anders als nach außen hin.
Nach außen gebe ich mich unabhängig, selbstsicher und stark genug, um es mit der Welt aufzunehmen.
Im Innern aber bin ich sensibel, verletzlich und empfindlich.
Alle mögen meine Außenseite.
Daß auch meine Innenseite liebenswert ist, glaube nicht einmal ich selbst.
Nach außen bin ich voll Verantwortung und Fürsorge, zum Dienen bereit und stets besorgt um das Wohl anderer.
Im Innern habe ich Angst zu versagen. Ich möchte etwas Besonderes sein, um geliebt zu werden.
Doch nach außen demonstriere ich: „Ich brauche niemanden. Ich werde mit meinen Problemen selbst fertig."
Im Innern hungere ich nach Zuneigung und Anerkennung.
Nach außen aber verhalte ich mich, als sei ich davon unabhängig.
Tief innen mag ich mich selber nicht, glaube nicht, daß ich etwas wert bin.
Herr, bitte nimm dich meines Innern an und heile mich. Amen.

Kapitel 1
Zu sehr lieben …

Ich hatte in einer Kirchengemeinde über Beziehungsabhängigkeit gesprochen. Einige Tage später rief mich eine Frau an, die den Vortrag gehört hatte. Sie äußerte ihre Vorbehalte gegenüber dem von mir übernommenen Begriff „Wenn Frauen zu sehr lieben". Christen könnten überhaupt nie „zu sehr lieben", meinte sie. Jeder, der das behaupte – und damit war ich gemeint –, habe keine Ahnung davon, was Liebe wirklich bedeute.

Ich kann diesen Einwand verstehen. Liebe ist der Kern der christlichen Lehre. Wir lieben, weil Gott uns zuerst geliebt hat. Liebe ist die höchste Tugend, größer noch als Glaube und Hoffnung (1. Korinther 13, 13). Die Liebe untereinander ist das äußere Zeichen dafür, daß wir Gott kennen (Johannes 13, 34.35).

Und doch gibt es da ein Problem. Meiner Meinung nach wird vieles als Liebe angesehen, was nicht wirklich Liebe ist. Als Beispiel fällt mir eine Geschichte aus C. S. Lewis' Buch „Die große Scheidung" ein. In dieser geistlichen Parabel wird erzählt, daß die Verdammten mit dem Bus Tagesausflüge von der Hölle bis zur Grenze des Himmels machen können. Keiner muß zur Hölle zurückkehren. Wer ins Paradies kommen will, braucht nur seine Lieblingssünden aufzugeben. Lewis beschreibt nun, wie ein Himmelsgeist namens Reginald den Geist seiner Schwester trifft, die mit dem Bus aus der Hölle gekommen ist. Die Frau ist tief enttäuscht, daß nur ihr Bruder Reginald zur Begrüßung gekommen ist und nicht ihr Sohn Michael, der schon als Kind gestorben war. Die Mutter wollte nur in den Himmel, um mit ihrem Jungen vereint zu sein. Reginald erklärt ihr, daß Michael – selbst wenn er gekommen wäre – sie nicht erkannt hätte. „Michael wird dich erst dann sehen, wenn du dich auch noch nach etwas anderem als nur nach Michael sehnst. Es genügt schon, wenn du ein ganz kleines bißchen Verlangen nach Gott hast." Ihr Bruder erklärt ihr, daß ihre „Mutterliebe", auf die sie so stolz ist, nur ein schwacher und armseliger Abglanz echter Liebe sei. Die Mutter protestiert: „Aber Mutterliebe ist das höchste und heiligste menschliche Gefühl!" Geduldig erklärt ihr Reginald: „Natürliche Gefühle sind an sich weder hoch noch niedrig, heilig oder unheilig. Wenn sie unter Gottes Herrschaft kommen, werden sie geheiligt. Aber wenn sie sich verselbständigen, werden sie verwerflich und zu Abgöttern."

Was wie Liebe aussieht, ist oft nur ein Mittel, um andere zu beherrschen. Und was wie Selbstaufopferung aussieht, kann in Wirklichkeit Selbstsucht sein, nämlich dann, wenn sie mißbraucht wird, um andere zu kontrollieren und zu manipulieren.

Wir mögen überzeugt sein, daß unsere Liebe echt und aufopferungsvoll ist, und doch kann sie ichbezogen und übertrieben sein. Wie das möglich ist? Wir lieben immer dann „zu sehr", wenn unsere „Liebe" dazu führt, daß wir unsere eigenen Bedürfnisse beständig vernachlässigen. Diese Form der Liebe ist aus dem Gleichgewicht geraten und wirkt nicht aufbauend, sondern zerstörerisch. Der Unterschied ist, ob ich *einen Teil* meiner Bedürfnisse einem anderen zuliebe für eine Stunde, eine Woche oder sogar lebenslang zurückstelle, oder ob ich mich selbst und meine Bedürfnisse vollkommen außer acht lasse. Denn dann beginne ich, „zu sehr zu lieben". Selbst Jesus war nicht immer nur für andere da. Von Zeit zu Zeit zog er sich von der Menschenmenge zurück, um nur mit seinen engsten Freunden zusammen oder auch ganz allein zu sein. Er beachtete den notwendigen Ausgleich zwischen der Liebe zum anderen und der Liebe zu sich selbst. Jesus gab sich aufopferungsvoll für andere hin, aber er wußte auch, wann es nötig war, sich um sich selbst zu kümmern und Wohltaten anderer anzunehmen.

Eine andere Spielart des „Zu-sehr-Liebens" äußert sich darin, daß durch die Beziehung zum anderen die eigene Identität verarmt. Die Frau in der Geschichte von C. S. Lewis ist ein Beispiel dafür. Ihre „Liebe" war letztlich selbstbezogen, denn sie konnte ihre eigene Identität nur in der Beziehung zu ihrem Sohn Michael sehen – eben als seine Mutter. Echte, gesunde Liebe – Liebe, die nicht zu sehr liebt – stärkt dagegen das Bewußtsein, eine eigenständige Persönlichkeit zu sein.

Wer so liebt, gibt sich selbst und dem anderen die Freiheit, sich zu entwickeln und zu entfalten. Das wird anschaulich an Gottes

Liebe zu uns. Durch seine Liebe zeigt er uns, wie wertvoll wir für ihn sind. Wir beginnen, uns selbst mit seinen Augen zu sehen und dann auch den Wert des anderen zu erkennen. So werden wir fähig, uns selbst und anderen die Freiheit zur Entfaltung der Persönlichkeit zu geben und das zu sein, wozu Gott uns geschaffen hat. Unser Selbstwertgefühl gründet sich dann nicht mehr auf das, was wir für andere tun, sondern auf das, was wir in Gottes Augen sind. Gott akzeptiert und liebt uns mit unseren Bedürfnissen. Deshalb dürfen wir selbst das auch tun. Zwar spricht die Bibel sehr wohl von Selbstverleugnung und Selbsthingabe. Aber Gott will solche Aufopferung nicht, *damit* er und unsere Mitmenschen uns lieben. Er möchte, daß unsere Hingabe an ihn und an unsere Umgebung aus dem Bewußtsein entspringt, *daß* er uns liebt.

Wer sich dagegen aufopfert, weil er geliebt werden will, der liebt zu sehr und verliert dabei seine Identität.

Liebe, die „zu sehr liebt", hat noch ein weiteres Erkennungszeichen. Sie ist eher zwanghaft als freiwillig. Wenn ich einen Menschen liebe, ihm helfe, mich für ihn einsetze und mich um ihn kümmere, nur weil ich Angst habe, daß er sonst wütend auf mich ist, mich verläßt, mich verletzt, mich nicht mehr beachtet oder mich fallenläßt, dann liebe ich nicht aus freien Stücken und bin im Grunde abhängig von anderen.

Was Liebe echt macht, ist die Freiwilligkeit: Menschen in gesunden Liebesbeziehungen wissen, daß sie frei entscheiden können, und sie wissen auch, daß es manchmal angebracht ist, nein zu sagen. Der zwanghafte Christ,* der zu sehr liebt, kann nicht nein sagen, selbst wenn er weiß, daß es nötig wäre.

Der einzige, der jemals wirklich vollkommen geliebt hat, war Jesus Christus. Wir Menschen werden zeit unseres Lebens nie wie er lieben können, denn unsere Selbstsucht ist so tief in uns verwurzelt, daß wir unfähig sind, irgend etwas für andere zu tun – oft auch für uns selbst – ohne verborgene Erwartungen auf irgendeine Belohnung, etwa in Form von Dank oder gehobenem Selbstwertgefühl.

---

* In diesem Buch wird als Gattungsbegriff wertfrei weitgehend der „männliche" Sprachstil beibehalten. Gemeint sind grundsätzlich immer Frauen und Männer.

So wüßten viele Christen nicht, wie sie leben sollten, nähme man ihnen die Menschen, denen sie „helfen". Manche Eltern wüßten nicht, wer und was sie ohne ihre Kinder wären. Andere könnten nicht leben, wenn sie nicht einen Ehepartner hätten, den sie bemuttern oder „halten" müssen. Wieder andere kämen sich verloren vor ohne ihr Lebenswerk oder die gute Sache, in der sie völlig aufgehen. In irgendeiner Form neigen wir alle dazu, unsere Identität und unseren Selbstwert auf unser Handeln zu gründen, statt auf das, was wir sind: von Gott geliebte Menschen. So mühen wir uns damit ab, gute Taten zu vollbringen, zu helfen und uns für andere aufzuopfern.

Dieses Buch setzt sich mit solchem Zu-sehr-Lieben auseinander, jenem Verhaltensmuster, das Fachleute auch Co-Abhängigkeit oder Beziehungsabhängigkeit nennen. Weil gerade Christen dafür anfällig sind, zeigt dieses Buch aus christlicher Sicht, wie man den Teufelskreis der Beziehungsabhängigkeit durchbrechen kann und wie das Leben durch Gottes heilende Gnade wieder ins rechte Lot kommt.

Die Fallbeispiele in diesem Buch stammen aus meiner umfangreichen Arbeit mit beziehungsabhängigen Christen. Manche Geschichten erscheinen vielleicht grotesk, doch sie sind alle wahr, wobei allerdings Namen und bestimmte Einzelheiten geändert wurden, um die Anonymität der Betroffenen zu wahren.

Manche Gedanken dieses Buches mögen Sie betroffen machen. Vielleicht fühlen Sie sich auch peinlich berührt, wenn Ihnen klar wird, daß Sie beziehungsabhängig handeln, wo Sie doch bisher überzeugt waren, alles „aus Liebe" zu tun. Bleiben Sie nicht dabei stehen. Denn statt sich zu schämen, können Sie Ihre Kräfte nutzen, um sich von Ihrem ungesunden beziehungsabhängigen Verhalten zu befreien. Dieses Buch will Ihnen dabei helfen.

Kapitel 2
Was hat „zu sehr lieben"
mit Co-Abhängigkeit zu tun?

Die beiden Begriffe „Co-Abhängigkeit" und „zu sehr lieben" hat
wahrscheinlich erstmals Robin Norwood in ihrem Buch „Wenn
Frauen zu sehr lieben" in Zusammenhang gebracht. Die Autorin
bezeichnet dort Frauen, die zu sehr lieben, als co-abhängig oder
gar beziehungssüchtig. So lautet denn auch der Untertitel ihres
Buches:

„Die heimliche Sucht, gebraucht zu werden"

Der Begriff „Co-Abhängigkeit" stammt ursprünglich aus der Arbeit mit Alkoholabhängigen. Suchttherapeuten, die mit Alkoholabhängigen und ihren Familien arbeiteten, entdeckten, daß auch die
Angehörigen des Suchtkranken am Suchtprozeß beteiligt sind,
weil sie ihn durch bestimmte, ebenfalls gestörte Verhaltensweisen
erst ermöglichen. Deshalb wurden die Angehörigen eines Alkoholabhängigen als Co-Abhängige bezeichnet.

Später setzte sich die Erkenntnis durch, daß es die Verhaltensmuster der Co-Abhängigkeit nicht nur in Alkoholikerfamilien gibt,
sondern auch in anderen funktionsgestörten Familien. Man sprach
in diesem Zusammenhang dann aber nicht mehr von Co-Abhängigkeit, sondern führte den Begriff Beziehungsabhängigkeit oder Beziehungssucht ein.

Was bedeutet nun der Begriff Beziehungsabhängigkeit im einzelnen? Leider gibt es dafür keine allgemein anerkannte Beschreibung, sondern mindestens ein ganzes Dutzend, wobei die meisten
eher laienhaft als wissenschaftlich sind. Eine der nach meiner Meinung besten Beschreibungen stammt von John und Linda Friel und
lautet:

*„Beziehungsabhängigkeit ist ein gestörtes Lebensmuster, das
seinen Ursprung in der familiären und kulturellen Herkunft des*

einzelnen hat. Es hemmt die Entwicklung der Persönlichkeit und bewirkt eine Überreaktion auf Dinge außerhalb der eigenen Person und eine Unterreaktion auf Abläufe im Innern der Person. Bleibt Beziehungsabhängigkeit unbehandelt, kann sie zur Sucht werden."

Schauen wir uns diese Definition einmal genauer an:

Beziehungsabhängigkeit ist ein gestörtes Lebensmuster ... Mit dem Wort Lebensmuster bezeichnet man innere Einstellungen, Verhaltensweisen und gefühlsmäßige Reaktionen auf bestimmte Lebenssituationen oder Anforderungen. Wenn dieses Muster „gestört" ist, dann reagiert jemand nicht mehr situationsgerecht, beispielsweise indem er sich verantwortlich fühlt für das Fehlverhalten eines anderen.

... das seinen Ursprung in der familiären und kulturellen Herkunft des einzelnen hat. Lebensmuster werden in der Kindheit erlernt. Das Kind eignet sich die Verhaltensformen an, die in seiner Familie praktiziert werden. Dabei wird das frühe Erlernen des Lebensmusters Beziehungsabhängigkeit durch unsere christlich geprägte Kultur noch begünstigt. Falsch verstandene biblische Begriffe und Gebote – zum Beispiel des Begriffes Selbstlosigkeit und des Gebotes der Nächstenliebe – spielen dabei eine große Rolle. Wenn Kinder erleben, wie ihre Eltern nur noch ihre Nächsten lieben und überhaupt nicht mehr sich selbst, wenn sie spüren, daß ihre Eltern sich nur dann als wirkliche Christen und wertvolle Menschen ansehen, wenn sie sich bis zum letzten für andere aufopfern, dann werden sie später als Erwachsene genauso handeln und empfinden. Dabei steht solches Verhalten im Widerspruch zu der biblischen Aussage, daß jeder Mensch allein schon deshalb wertvoll ist, weil er nach Gottes Bild erschaffen wurde.

Bei Mädchen kommt oft noch eine weitere sogenannte christliche Prägung dazu. Viele lernen schon ganz früh am Beispiel ihrer Mutter, daß Frauen dazu da sind, die Männer zu bedienen, weil das der Schöpfungsordnung Gottes entspreche.

So erzählte mir eine Freundin, wie bei ihr zu Hause ihre Mutter und sie selbst rund um die Uhr zu schuften hatten. Sie mußten das große Haus sauber halten, Essen kochen, Familienfeste vorbereiten, bei Einladungen die Gäste umsorgen, das Essen servieren, hinterher alles abwaschen und schließlich auch noch alle Dankespost erledigen. Der Sohn des Hauses hatte dagegen keinerlei Pflichten und erwartete sogar noch, daß er bedient wurde wie sein Vater. Dem mußte die Mutter meiner Freundin, obwohl er fit und gesund war und durchaus in der Lage, für sich selbst zu sorgen, Schuhe und Strümpfe an- und ausziehen und ihm sogar die Nägel schneiden! Die Mutter hatte das alles nie hinterfragt oder als erniedrigend angesehen.

Beziehungsabhängigkeit hemmt die Entwicklung der Persönlichkeit ... Beziehungsabhängige sind Menschen, die auf der Entwicklungsstufe der Pubertät stehengeblieben sind. Hinter einer Maske aus antrainiertem und mühsam beherrschtem „Erwachsenenverhalten" stecken nichts weiter als verletzte und orientierungslose Kinder. Entgegen aller Hoffnung hoffen sie, daß es ihnen gelingt, sich als Erwachsene zu erweisen! Aufgrund dieser Identitätskrise suchen Beziehungsabhängige immer an den falschen Stellen, um jene Leere auszufüllen, die eigentlich durch ihre gottgegebene Identität und ein gesundes Gespür für das eigene Selbst ausgefüllt sein sollte. Ohne es zu merken, kämpfen sie dagegen an, ihre Erfüllung und Identität in Gott zu finden, weil sie dann ihren einzigen Halt – das erlernte beziehungsabhängige Verhalten – aufgeben müßten. Sie versuchen, ihre Beziehung zu Gott zu vertiefen, ohne ihre Bindung an das alte Lebensmuster aufzugeben. Sie sind wie kleine Kinder, die Angst davor haben, ihre Erwachsenenmaske fallenzulassen und sich vorzuwagen in die Freiheit, die Gott anbietet.

Beziehungssucht bewirkt eine Überreaktion auf Dinge außerhalb der eigenen Person und eine Unterreaktion auf Abläufe im Innern der Person ... Beziehungsabhängige sind Meister im Reagieren! Sie reagieren auf alles, nur nicht auf sich selbst. Viele verleugnen sich so sehr, daß sie nicht einmal wissen, was sie selbst brauchen, geschweige, wie sie es bekommen können. Was aber zu tun ist, um die Probleme anderer zu lösen, wissen sie immer. Für jeden haben sie eine Antwort parat, aber sie bestreiten, daß es auch bei ihnen selbst irgendeine Not gibt, die angegangen werden muß. Anderen wollen sie helfen, deren Fehlverhalten zu ändern, bleiben aber blind für ihr eigenes.

Bleibt Beziehungsabhängigkeit unbehandelt, kann sie zur Sucht werden. Für viele Menschen ist Beziehungsabhängigkeit tatsächlich zur Sucht geworden. Wie bei anderen Süchten läßt sich auch bei der Beziehungsabhängigkeit eine fortschreitende Entwicklung feststellen. Die meisten Menschen handeln zeitweise beziehungsabhängig, kommen aber schnell wieder davon los. Besonders wir Christen sind dann und wann für das sogenannte Helfer-Syndrom anfällig, was nichts weiter ist als beziehungsabhängiges Verhalten. Problematisch wird es, wenn jemand nur noch beziehungsabhängig handeln kann. Die Fähigkeit, sich dem zu entziehen, ist irgendwie verlorengegangen. Langsam aber beständig hat das, was in früher Kindheit mit „Mami helfen" begann, eine tiefverwurzelte, zwanghafte Eigendynamik entwickelt.

Theoretiker, wie z. B. der Psychiater Dr. Timmen L. Cermak, treten dafür ein, die weitgefächerten Begriffsbestimmungen zu verlassen und statt dessen Beziehungsabhängigkeit als feststehenden psychologischen Begriff zu verwenden. Die beziehungsabhängigen Verhaltensweisen sind zu einem Lebensmuster, einem Lebensstil geworden, der sich auf die eigene Person und auf andere Menschen negativ auswirkt und somit zu einer Persönlichkeitsstörung geführt hat.

Natürlich leidet nicht jeder, der sich hin und wieder beziehungsabhängig verhält, unter einer solchen Persönlichkeitsstörung, genauso wie nicht jeder, der sich dann und wann deprimiert fühlt, unter einer Depression leidet. In der tabellarischen Übersicht über verschiedene Stufen beziehungsabhängigen Verhaltens in Schautafel 1 wird das dargestellt. Zur ersten Stufe gehören Menschen, die zwar hin und wieder beziehungsabhängig handeln, aber sonst ausgeglichen leben und angemessen geben und nehmen können. Dann folgen fortgeschrittene Stufen beziehungsabhängiger Verhaltensweisen, die bis zu einem zwanghaften beziehungsabhängigen Lebensstil führen.

Menschen, bei denen sich diese Lebensform entwickelt hat, sind sich oft ihrer eigenen Gefühle und Bedürfnisse nicht mehr bewußt. Beziehungsabhängige Verhaltensweisen sind für sie zu einem allumfassenden Muster für ihren Umgang mit sich selbst und mit anderen geworden. Sie können als beziehungssüchtig bezeichnet werden. Kapitel 5 geht auf die Beziehungsabhängigkeit als Sucht noch näher ein.

Schautafel 1 :
Stufen der Beziehungsabhängigkeit

Beziehungsabhängige Verhaltensweisen führen in zunehmender Stärke zu einem beziehungsabhängigen Lebensstil

Kategorie 1 Gelegentlich praktizierte beziehungsabhängige Verhaltensweisen	**Kategorie 2** Einzelne beziehungsabhängige Verhaltensweisen	**Kategorie 3** Häufige beziehungsabhängige Verhaltensweisen	**Kategorie 4** Zwanghaft beziehungsabhängige Verhaltensweisen
Diese Menschen handeln gelegentlich beziehungsabhängig, leben aber sonst ausgeglichen. Sie können angemessen geben und nehmen. Sie nehmen sich in ausgewogenem Maße Zeit für sich selbst und Zeit für andere.	Hier geht es um Menschen, die sich angewöhnt haben, beziehungsabhängig zu handeln, aber die negativen Konsequenzen ihres Tuns erkennen und noch selbst die Kraft haben, zu einem ausgeglichenen Lebensstil zurückzufinden.	Diese Menschen stehen in der Gefahr, erstmalig oder wiederholt in einen beziehungsabhängigen Lebensstil zu verfallen. Sie vernachlässigen ihr eigenes Wohlergehen. Sie haben sich angewöhnt, in Teilbereichen ihres Lebens bewußt oder unbewußt beziehungsabhängig zu handeln. Sie neigen zu einem unausgeglichenen Lebensstil. Sie haben den Hang, maßlos mehr zu geben als zu nehmen (gewöhnlich nicht freiwillig). Ihnen wäre Hilfe anzuraten, um zu einem ausgewogenen Lebensstil zurückzufinden.	Diese Menschen praktizieren zwanghaft einen durchgängig beziehungsabhängigen Lebensstil. Sie sind sich oft ihrer eigenen Gefühle und Bedürfnisse nicht bewußt. Für diese Menschen sind beziehungsabhängige Verhaltensweisen so zur Gewohnheit geworden, daß sie ein allumfassendes Lebensmuster bilden, das den gesamten Lebensstil beeinflußt. Sie können sich ihres zwanghaft beziehungsabhängigen Verhaltens bewußt sein oder auch nicht, sind aber ohne fachliche Hilfe unfähig, sich von diesem Lebensstil zu befreien.

Kapitel 3
Beziehungsabhängigkeit – ein umfassendes Lebensmuster

Die Merkmale eines beziehungsabhängigen Lebensmusters lassen sich unter verschiedenen Gesichtspunkten herausarbeiten. In diesem Kapitel soll es zunächst um die Beziehungsabhängigkeit an sich mit ihren charakteristischen Merkmalen gehen. Danach steht der beziehungsabhängige Mensch mit seinen Verhaltensmustern im Blickpunkt.

Merkmale der Beziehungsabhängigkeit

Beziehungsabhängigkeit ist eine Lebensform mit Suchtcharakter. Manche Fachleute bezeichnen sie deshalb auch als „Liebessucht".

Aus meiner Beschäftigung mit Literatur zu diesem Thema und meinen speziellen Erfahrungen mit Christen und christlichen Gemeinden haben sich für mich bestimmte Erscheinungsformen einer Beziehungsabhängigkeit herauskristallisiert. Ich habe bei der nachfolgenden Darstellung dieser Kennzeichen zwar vorwiegend das Verhältnis zweier Menschen zueinander im Blick. Die aufgeführten charakteristischen Merkmale einer Beziehungsabhängigkeit gelten aber auch für Personengruppen wie Familien, Kirchengemeinden, Hauskreise, Missionsgesellschaften, freie christliche Werke und ähnliches.

Eine Beziehung hat Suchtcharakter (ganz rechts auf Schautafel 1), wenn sie die folgenden Merkmale aufweist:

1. Die Beziehung hat Ausschließlichkeitscharakter. Die Beziehungsabhängigen nehmen sich gegenseitig vollkommen in Beschlag. „Ich kann ohne dich nicht leben", meinen sie. Weil beide Partner zwanghaftes Verlangen zueinander haben, ist ihre Beziehung unausgewogen. Ist die Partnerschaft bedroht, entwickeln sich bei den Betroffenen so extreme Angstgefühle, daß es zu emotionaler und/oder physischer Gewaltanwendung kommen kann.

Beziehungsabhängige sind Paare, die nicht miteinander, aber auch nicht ohne einander leben können. Selbst wenn sie ihre Beziehung als zerstörerisch erleben, bleiben sie zwanghaft aneinander gebunden. Ein Beispiel dafür ist Maria. Sie versucht krampfhaft, ihrem Mann Paul alles recht zu machen, obwohl er sie schon fünf Jahre lang ganz offen betrügt. Sie glaubt, wenn sie lange genug für ihn betet, wird sie durch ihr „untertäniges", liebevolles Verhalten seine „Liebe" zurückgewinnen.

2. Die Beziehung verschafft unmittelbare Befriedigung. Beide Partner wissen, wenigstens unbewußt, was ihnen diese Beziehung bringt. Vielfach gibt es in ihrem Verhältnis zueinander sadomasochistische Züge. Beispielsweise hat der eine Partner Spaß daran, den anderen zu verletzen oder zu enttäuschen, während es diesem unbewußt gefällt, sich verletzen oder enttäuschen zu lassen. Oder ein Partner ist der Gebende, der andere der Nehmende.

So ist es zum Beispiel bei Susanne und Peter. Susanne arbeitet vollzeitlich im Beruf, sorgt außerdem noch für ihre drei Kinder und hält Haus und Garten in Ordnung. Nie würde sie irgendwelche Hilfe von ihrem Mann erwarten. Der kommt jeden Tag um 17.30 Uhr nach Hause, liest die Zeitung, ißt mit der Familie Abendbrot, setzt sich dann bis gegen zehn vor den Fernseher und schläft in seinem Sessel ein. Er käme nie auf die Idee, Susanne bei der Hausarbeit zu helfen, aber er besteht darauf, daß sie arbeiten geht, damit er seine Segelyacht abbezahlen kann. Susanne gefällt sich als die Gebende und Peter als der Nehmende.

3. Die Beziehung setzt die Selbstachtung bei einem oder beiden Partnern herab und läßt so ihre Eigenständigkeit verkümmern. Ursula ist seit vierundzwanzig Jahren mit Robert verheiratet. Die beiden haben drei Kinder. Robert ist der Meinung, daß „die Frau ins Haus gehört", und Ursula hat das nie in Frage gestellt, obwohl ihr kurz vor ihrer Heirat eine gutbezahlte Stelle in der Wirtschaft angeboten worden war. Sie war damals geistig rege und konnte sich zu vielen Themen fundiert äußern. Aber nun, nach vierundzwanzig Ehejahren, sagt sie kaum noch etwas. Wenn die beiden mit anderen zusammen sind und Ursula etwas gefragt wird, antwortet unweigerlich ihr Mann. Als ihre Schwester sie einmal darauf ansprach, sagte Ursula nur: „Ach, das ist schon in Ordnung.

Robert ist eben viel klüger als ich. Ich wüßte sowieso nicht, was ich antworten sollte!"

4. Sinn der Beziehung ist nicht gegenseitige Bereicherung; es geht lediglich darum, seelischen Schmerz zu vermeiden. In der Ehe von Erich und Maria zeigt sich das deutlich. Maria ist Alkoholikerin. Erich ist ein geduldiger, stiller Mann. Als er sechs Jahre alt war, starben seine Eltern bei einem Eisenbahnunglück. Bis zum achtzehnten Lebensjahr lebte er in einem Waisenhaus, und deshalb geht ihm heute die Beziehung zu seiner Frau über alles, obwohl er schon lange die Hoffnung aufgegeben hat, daß Maria jemals seine Liebe erwidert. Als die beiden ein Jahr verheiratet waren, wurde Maria schwanger und eröffnete Erich, daß das Kind nicht von ihm sei. Trotzdem erwartete sie, daß er es als eigenes Kind anerkenne. Aus Glaubensgründen war Erich gegen eine Abtreibung. Und so zog er den kleinen Jungen wie seinen eigenen Sohn auf, und das trotz dauernder Sticheleien und höhnischer Anspielungen von seiner Frau, daß er nicht der richtige Vater sei. Erich hat häufig Alpträume, in denen Maria ihn verläßt oder stirbt, nachdem sie im Vollrausch ihr Auto zu Schrott gefahren hat. Der Gedanke, wieder allein zurückzubleiben, ist für ihn derart beängstigend und schmerzhaft, daß er die Beziehung aufrechterhält, obwohl Maria weiter trinkt und ihn weiterhin mit anderen Männern betrügt.

5. Die zwanghafte Festlegung auf die Beziehung führt dazu, daß andere Kontakte und Interessen vernachlässigt werden. Außenstehende werden als Bedrohung der Partnerschaft empfunden. Einer der Partner entwickelt dann oft ein so merkwürdiges Verhalten, daß alte Freunde sich nach und nach zurückziehen. Es kann aber auch sein, daß jemand ein so großes Bedürfnis hat, dem Partner zu helfen oder sich um ihn zu kümmern, daß kaum noch Zeit und Kraft übrigbleiben, um sich anderweitig zu engagieren.

Judith war eine aufgeschlossene, glückliche junge Frau mit einem großen Freundeskreis. Sie war sehr aktiv in ihrer Kirche, besonders in der Jugendarbeit. Als sie Klaus kennenlernte, versuchte sie, ihn in ihren Freundeskreis einzubeziehen. Er wollte das nicht, aber sie dachte, daß liege nur an seiner Schüchternheit. Sie war fest davon überzeugt, daß sich das nach der Hochzeit ändern und Klaus dann mehr Interesse an ihrem Freundeskreis zeigen würde.

Es änderte sich auch tatsächlich etwas, aber nicht so, wie Judith es sich vorgestellt hatte. Klaus schloß sich nämlich nicht *ihr* an, sondern sie sich *ihm* – Abend für Abend vor dem Fernseher. Wenn Judith Gäste einladen oder mit Freunden zusammensein wollte, beklagte er sich, daß sie ihn nicht richtig liebe, denn sonst wäre sie glücklich, nur mit ihm allein zu Hause zu sein. Gingen sie wirklich einmal gemeinsam zu kirchlichen Veranstaltungen oder zu Freunden, dann setzte er sich mißlaunig in eine Ecke, und nach spätestens einer Stunde bestand er darauf, daß sie nach Hause gingen. Judith meinte, als Ehefrau müsse sie sich ihrem Mann in diesen Dingen unterordnen, und deshalb ging sie ohne Widerspruch mit. Und irgendwann ging sie überhaupt nicht mehr zur Kirche, weil es ihr keinen Spaß machte, allein zu gehen und weil Klaus Theater machte, wenn sie ihn bat mitzukommen. Schließlich wurden sie auch nicht mehr von Freunden eingeladen, denn Klaus sagte entweder von vornherein ab, oder er führte sich so kindisch auf, daß es für Judith peinlich wurde. Sie versuchte, ihn zu Hause „glücklich zu machen" und konnte nicht verstehen, warum sie dabei immer depressiver wurde.

6. In der Beziehung entwickelt sich keine echte innere Vertrautheit. Große Abhängigkeit voneinander wird dabei oft mit Nähe verwechselt, und psychologische Spielchen treten an Stelle von Vertrautheit. Aus der unbewußten Angst vor Nähe hält man sich damit den andern vom Leibe.

Bei Dieter z. B. war durch seine Erziehung die Vorstellung gewachsen, daß Männer das Recht haben, sich von ihren Frauen umsorgen zu lassen. Seine Frau Martha war ebenso erzogen worden. Sie glaubte, daß die Bedürfnisse einer Frau hintenan stehen müßten, weil es immer zuerst darum ging, die Männer von vorn bis hinten zu bedienen. Martha ist Stationsschwester in einem Krankenhaus. Wenn sie von ihrer Arbeit nach Hause kommt, ist sie müde und hungrig und möchte zum Abendessen am liebsten nur schnell ein paar belegte Brote machen. Doch dann denkt sie: „Nein, Dieter braucht ein richtiges warmes Essen." (Sie meint, er müsse umsorgt werden.) Dieter kommt zehn Minuten später nach Hause und bietet – entgegen seiner Gewohnheit – seine Hilfe beim Kochen an. (Er versucht, aus der passiven Rolle, von Martha umsorgt zu werden, herauszukommen.) Sie sagt: „Nein, Schatz, du hast auch einen anstrengenden Tag hinter dir." Damit mißachtet sie ihre eigenen Bedürfnisse. (Sie spielt das Opfer.) Dieter wird erneut in seiner Meinung bestärkt, daß Männer umsorgt werden sollten und überhört das „auch". Er geht aus der Küche und vertieft sich in seine Zeitung. Das ärgert Martha, obwohl sie es ihm selbst nahegelegt hat. Gereizt macht sie viel Wirbel in der Küche und steckt schließlich den Kopf durch die Wohnzimmertür: „*Ich* hätte auch gern Zeit zum Zeitunglesen!" Wieder ist eine Gelegenheit vertan, einander nahezukommen, das Leben miteinander zu teilen und sich gegenseitig zu helfen.

Noch ein Beispiel: Martin und Elisabeth sind seit dreiundzwanzig Jahren verheiratet. Martin arbeitet als Lastkraftwagenfahrer. Wenn er zu Hause ist, verlangt er, daß Elisabeth immer ganz für ihn da ist. Will er spazierengehen, muß Elisabeth mit. Wenn er zu Bett geht, geht Elisabeth auch zu Bett. Wenn er aufsteht, steht sie auch auf, obwohl sie nicht wie er schon um fünf Uhr aufstehen müßte. Jeden Morgen macht Elisabeth das Frühstück und deckt den Tisch. Einmal muß sie zu ihrer Schwester fahren, um ihr nach einer Operation zu helfen. Als sie nach zwei Tagen heimkehrt, beklagt sich Martin und sagt, daß er sie nie wieder weglassen würde. Nach dem Grund befragt, antwortet er: „Weil ich jeden Morgen mein Frühstück brauche, und wenn du fort bist, bekomme ich keins." Als Elisabeth auf diese beängstigende Abhängigkeit ihres Mannes angesprochen wird, sagt sie: „Ach, er ist so hilflos, daß es schon richtig rührend ist. Er braucht mich wirklich. Das gibt mir das Gefühl, daß er mich wirklich liebt."

7. Die Handlungsweise der Partner wird stark von dem unbewußten Bedürfnis gelenkt, den anderen zu kontrollieren und zu beeinflussen. Denn dem Partner wird sowohl die Verantwortung für die gegenwärtige Misere zugeschrieben als auch für eine mögliche spätere Wende in der Beziehung zueinander, für Glück und Erfüllung. „Wenn Hans nur mit dem Trinken aufhörte (oder sich weiterbildete, seine Arbeitsstelle wechselte, zur Kirche ginge), dann würde alles gut." Dieses Bedürfnis, den anderen zu kontrollieren und zu beeinflussen, bleibt meist unbewußt und wird deshalb oft energisch bestritten. Man wolle dem anderen nur helfen, wird betont. „Ich möchte es ja nur zu ihrem eigenen Besten, daß sie abnimmt (weniger arbeitet, mit dem Rauchen aufhört, nicht so viele Diätkuren macht)! Das ist nicht gesund für sie. Ich mache mir solche Sorgen!" Das Geben und Helfen und Lieben ist jedoch nicht so uneigennützig, wie es scheint. Unterschwellig verbirgt sich dahinter der Wunsch, auch selbst zu profitieren. Nach dem Motto „eine Hand wäscht die andere" meint man, selbst zu bekommen, was man möchte, wenn man dem anderen nur erst genug „Hilfe" gegeben hat.

8. Die Partner nutzen nicht mehr ihre eigenen Kräfte, um innerlich zu wachsen und um erfüllt und ausgeglichen zu leben. Sie erwarten statt dessen, daß andere sie emotional versorgen und ihnen ein positives Lebensgefühl vermitteln. „Wenn ich mich nur noch ein ganz kleines bißchen anstrenge", meinen sie, „dann wird mich der andere auch durch Fürsorge und Liebe belohnen." – „Wenn ich nur noch ein einziges Mal lieb zu ihm bin, wenn er betrunken nach Hause kommt, dann wird er nie wieder trinken." – „Wenn ich mir etwas mehr Mühe gegeben hätte, dann hätte sie mich nicht verlassen. Jetzt werde ich nie wieder glücklich sein." Darin drückt sich eine gewisse Passivität aus, als ob diese Menschen darauf warten, daß das Glück zu ihnen kommt, ohne daß sie etwas anderes tun, als darauf zu warten, weil sie es verdienen („nach allem, was ich durchgemacht habe"). Solche Beziehungen beruhen auf einem Zusammenspiel zwischen einem abhängigen und einem beherrschenden Partner. Dem Abhängigen fehlt das Vertrauen, sein Leben selbst in die Hand zu nehmen. Er meint, sich dem Leben nur stellen zu können, indem er sich von der Stärke oder der inneren Kraft des anderen abhängig macht. Aber auch der beherrschende Partner ist abhängig, denn er lebt in der Angst, daß der andere ihn nicht mehr braucht, wenn er ihn nicht weiter kontrolliert.

9. Das Verhalten der Partner pendelt häufig zwischen krasser Abhängigkeit voneinander und krassem Unabhängigkeitsstreben. Erst kann ich nicht ohne dich leben, dann will ich „Freiraum" und muß „nach meiner eigenen Fasson leben". Irgendwann ist es jeder einmal leid, abhängig und bedürftig zu sein. Viele fallen dann ins andere Extrem – in überzogenes Unabhängigkeitsstreben. Dann heißt es: „Ich bin ein Fels. Ich brauche niemand. Ich mache, was mir gefällt. Tu du, was du willst. Ich sehe im Augenblick keinen Sinn mehr in unserer Beziehung." Sie meinen, daß sie nun unabhängig sind, aber in Wirklichkeit verwechseln sie Alleinsein mit Unabhängigkeit. Liebe sei nichts weiter als Kontrolle oder Beeinflussung, meinen sie. Ihrem inneren Schmerz weichen sie aus, indem sie so tun, als brauchten sie niemanden mehr.

10. **Beziehungssüchtige Partnerschaft ist eine Neuauflage von in der Kindheit und Jugend im Elternhaus oder anderweitig erlebten Beziehungsstrukturen.** In den neuen Beziehungen geht es wieder um Gefühle wie Langeweile, Eifersucht, Ängstlichkeit, Leere, Ärger, Angst, Ablehnung, Depression oder Spannung. Alte Verhaltensmuster wie „Ich verlasse dich, bevor du mich verlassen kannst" oder „Komm her – geh weg" kommen wieder zum Vorschein. So haben mir viele Frauen in therapeutischen Gesprächen gesagt, daß sie in ihren Beziehungen zum anderen Geschlecht die netten Kerle langweilig fänden, während die Trinker, die Grobiane, die Süchtigen oder Verhaltensgestörten ihnen attraktiv erschienen. Wider besseres Wissen verstrickten sie sich so immer wieder in Beziehungen, die denen aus ihrer Kindheit glichen.

Merkmale der Beziehungsabhängigen

Wenn man die Kennzeichen der Beziehungsabhängigen untersucht, kann der Eindruck entstehen, daß jeder beziehungsabhängig ist. In gewisser Hinsicht stimmt das auch: Wir alle sind zeitweise beziehungsabhängig, so wie wir alle zeitweise Angst haben. Beziehungsabhängige Verhaltensweisen sind nicht durchweg schlecht – viele sind einfach nur übertriebene „gute" Verhaltensweisen. Deshalb geht es auch gar nicht so sehr darum, diese Verhaltensweisen ganz abzulegen. Sie müssen nur ins rechte Maß kommen. Der Unterschied zwischen beziehungsabhängigen und „normalen" Menschen – ich ziehe den Begriff „funktionstüchtig" vor – ist mehr eine Frage, in welchem Ausmaß die Beziehungsabhängigkeit da ist, als eine Frage ihres Verhaltens. Beziehungsabhängige treiben alles auf die Spitze, und ihre überzogenen Verhaltensweisen werden bei ihnen zum Lebensmuster, das wiederum Einfluß hat auf ihre Wahrnehmung, auf ihr Verhalten und auf ihre Reaktionen. Wenn wir also hin und wieder solches Verhalten auch bei uns selbst feststellen, sind wir deshalb noch nicht beziehungsabhängig, solange diese Verhaltensweisen nicht zum allumfassenden Verhaltensmuster werden, das unser ganzes Leben beeinflußt.

Wir sollten wissen, daß jemand beziehungsabhängig sein und parallel dazu noch eine oder mehrere andere psychische Störungen haben kann. So habe ich z. B. einmal eine Patientin betreut, bei der die Diagnose ergab, daß sie neben ihrer Beziehungsabhängigkeit noch pathologische Persönlichkeitsstörungen aufwies. Sie litt an Eßstörungen, Alkoholismus und war außerdem noch manisch-depressiv. Ihre Zwänge und ihre Beziehungsabhängigkeit wurden durch ihre Depression sehr verschlimmert. Man muß also unbedingt berücksichtigen, daß auch, wenn bei jemandem die Diagnose „beziehungsabhängig" durchaus korrekt ist, darüber hinaus noch weitere schwerwiegende emotionale Störungen vorliegen können. Oft wird zu schnell gesagt: „Ach, das ist nur auf seine Beziehungsabhängigkeit zurückzuführen", ohne daß eine ausreichende medizinische und/oder psychologische Untersuchung vorgenommen wurde. Deshalb ist es wichtig, daß qualifizierte Fachleute zur Diagnose hinzugezogen werden.

Ferner muß bedacht werden, daß die Beziehungsabhängigkeit bis jetzt nur bei Erwachsenen erforscht worden ist. Kinder und Jugendliche haben normale beziehungsabhängige Bedürfnisse, die nicht mit der krankhaften Beziehungsabhängigkeit eines Erwachsenen verwechselt werden dürfen.

Man muß sich also davor hüten, voreilig Rückschlüsse zu ziehen, wenn man die folgende Aufzählung von Merkmalen Beziehungsabhängiger gebraucht. Wenn jemand einzelne dieser Merkmale aufweist, heißt das noch nicht unbedingt, daß er beziehungsabhängig ist. Möglicherweise verhält er sich lediglich zeitweise beziehungsabhängig. Wenn jemand allerdings viele dieser Merkmale aufweist und sie ein alles bestimmendes Verhaltensmuster bilden, braucht er qualifizierte, fachliche Hilfe.

Bei Beziehungsabhängigen finden sich folgende Merkmale:

1. Übertriebenes Verantwortungsbewußtsein. Viele Beziehungsabhängige verhielten sich schon als Kinder wie „kleine Erwachsene". Immer wieder lobte man, wie „verantwortungsbewußt" und „erwachsen" sie seien. Sie meinten, ihre eigenen Eltern umsorgen zu müssen. Als Erwachsene bleiben sie bei diesem Verhalten. Sie mühen sich damit ab, andere Erwachsene zu bemuttern, übertrieben zu schützen, zu bewahren und zu umsorgen. Das alles tun sie unter einem gewissen Zwang, denn sie haben das Gefühl verloren, frei entscheiden zu können. Sie sind Experten darin, die Bedürfnisse anderer zu erspüren, während sie ihre eigenen übergehen. Was andere brauchen, wissen sie genau, sind sich aber selten bewußt, was sie selbst brauchen, und wenn doch, dann haben sie Schuldgefühle. Es fällt ihnen schwer, von anderen etwas anzunehmen. Sie ziehen es vor, als die Gebenden die Kontrolle zu behalten.

2. Übersteigertes Verdrängen und Leugnen der Wirklichkeit als Schutzmechanismen. Jeder Mensch gebraucht bis zu einem gewissen Grade diese Schutzmechanismen. Bei Beziehungsabhängigen ist dieses Verhalten aber übersteigert.

Von Verdrängen spricht man, wenn einem Menschen etwas vollkommen unbewußt bleibt oder wenn er Unangenehmes total vergißt. Er weiß dann zum Beispiel wirklich nicht, was ihm gefällt bzw. mißfällt, oder er vergißt vollkommen, daß er etwas falsch gemacht hat, und reagiert offensichtlich verwirrt, wenn ein anderer aufgrund seines Verhaltens ärgerlich oder verletzt ist.

Von Leugnen spricht man, wenn jemand im Unbewußten etwas zwar registriert, es aber nicht wahrhaben will. Beispielsweise wußte Rosemarie tief in ihrem Innern, daß Georg zu viel trank, aber weil sie aus einer Abstinenzler-Familie stammte, redete sie sich ein, daß sie in diesem Punkt zu strenge Maßstäbe anlege. So leugnete sie, daß Georg Alkoholprobleme hatte, bis er wegen Trunkenheit am Steuer seinen Führerschein verlor. Später gab sie zu: „Ich wußte schon vor unserer Heirat, daß er damit Probleme hat, aber ich wollte es einfach nicht wahrhaben." Beziehungsabhängige verdrängen ihre eigenen Gefühle, Gedanken, Bedürfnisse und Wünsche und leugnen die sie umgebende Realität.

3. Tiefgreifende Verlassenheitsängste. Viele Beziehungsabhängige haben als Kinder echte oder vermeintliche Verlassenheit

durchlebt (mehr darüber in Kapitel 4). Meistens war die gefühlsmäßige Bindung an den Vater und/oder die Mutter unzureichend.
Als Erwachsene stürzen sie sich dann sehr schnell und engagiert in
sich ergebende Beziehungen. Aber wenn dann im normalen Alltag
die anfängliche Begeisterung schwindet, haben sie in der nun weniger intensiven Beziehung das Gefühl, vom anderen im Stich gelassen zu werden. Entweder klammern sie sich dann verzweifelt an
die Beziehung, oder sie lassen sie schnell fallen, bevor sie selbst
fallengelassen werden.

4. Sie fühlen sich als Opfer. Beziehungsabhängige neigen dazu,
sich selbst als Opfer widriger Umstände zu sehen. Unbewußt suchen
sie Beziehungen, die sie in dieser Opferrolle bestätigen. Sie haben
vielleicht früher tatsächlich erlebt, daß sie mißhandelt und gequält
wurden, ohne sich dagegen wehren zu können. Deshalb fühlen sie
sich noch als Erwachsene unfähig, sich aus Lebensumständen zu lösen, die für sie quälend sind. Unbewußt „belohnen" sie sich dann
dafür, daß sie in ihrer mißlichen Situation „durchhalten", mit Selbstmitleid und einem Märtyrerheiligenschein. Christen zeigen dabei
eine ganz besondere Vorliebe für die Rolle des „leidenden Retters".

5. Ihr Selbstwertgefühl beruht auf Leistung oder Besitz. Sie
sehen sich nicht deshalb als wertvoll an, weil sie nach dem Bilde
Gottes geschaffen sind, sondern aufgrund von Leistung oder Besitz oder aufgrund ihrer Zugehörigkeit zu einer allgemein aner-
kannten Person oder Gruppe. „Wenn der und der mein Freund ist,
dann bin ich auch wer." – „Wenn ich erst meinen Doktortitel habe,
dann ist mein Vater endlich auch stolz auf mich, und dann komme
ich auch im Leben zurecht." – „Eines Tages werden es mir meine
Kinder danken, was ich alles für sie getan habe."

Viele Beziehungsabhängige hatten Eltern, die nie zufrieden waren mit dem, was ihre Kinder leisteten. „Eine Zwei ist zwar gut,
aber eine Eins wäre besser", bekamen sie etwa zu hören. Niemals
erlebten sie, daß sich ihre Eltern einfach über sie freuten. Jetzt als
Erwachsene glauben sie, nichts, was sie leisten, sei gut genug.
Manche denken sogar an Selbstmord, wenn sie keine perfekten
Leistungen erbringen können. Sie fühlen sich sehr leicht abgelehnt, und wenn in ihren Beziehungen zu anderen etwas schiefgeht, dann geben sie die Schuld daran meist allein sich selbst.

Sie glauben, daß sie immer alles tun und sagen müssen, was die anderen wollen, wenn sie irgendwo dazugehören möchten, und deshalb wagen sie nicht, selbstsicher aufzutreten. Sie glauben, daß alle alles besser wüßten als sie, und daß sie deshalb nicht darauf hoffen könnten, geliebt oder geschätzt zu werden. Und so versuchen sie, statt dessen wenigstens gebraucht zu werden. Trotz überragender Leistungen finden sie sich selbst nicht liebenswürdig, und oft fällt es ihnen sogar schwer, zu glauben oder zu empfinden, daß Gott sie liebt.

6. Sie neigen dazu, Zwangsvorstellungen und Zwänge zu entwickeln. Von Zwangsvorstellungen spricht man, wenn jemand gedanklich ständig um bestimmte Vorstellungen oder Ängste kreist. Zwänge sind Verhaltensweisen und Handlungen, zu denen sich jemand innerlich gezwungen fühlt. (Hier kann es sich möglicherweise auch um eine klassische Zwangsneurose handeln.) Beziehungsabhängige denken und handeln zwanghaft. In ihren mitmenschlichen Beziehungen konzentrieren sie alle ihre Kraft und Gefühle auf andere. Sie verwechseln Mitleid mit Liebe und meinen, anderen stets „zu ihrem Besten helfen" zu müssen. Gibt es Probleme, Krisen oder Tragödien, dann leben sie erst richtig auf. Sie agieren nicht, sondern sie reagieren, und sie leben wie süchtig nach Chaos und Aufregung. Gelassene Heiterkeit und Ruhe finden sie langweilig.

7. Statt sich auf die Realität zu konzentrieren, kreisen sie um das, was sein könnte. Beziehungsabhängige leben in der trügerischen Erwartung, daß eines Tages alles besser sein wird. „Eines Tages werden Vater und Mutter mich akzeptieren." – „Eines Tages wird Hans einsehen, wieviel ich für ihn getan habe." – „Er hat so viele gute Anlagen. Eines Tages wird er mit dem Blödsinn aufhören und sein Leben Jesus übergeben." – „Wenn er erst mit seinem Studium fertig ist, wird er Zeit für uns haben; dann braucht er nicht mehr so viel zu arbeiten." – „Sie kann so süß sein, eines Tages wird sie mich lieben."

Sich der Realität zu stellen, fällt Beziehungsabhängigen schwer. Sie spezialisieren sich in ihren Beziehungen auf den Typ „Rohdiamant" und versuchen dann, der Stein zu sein, der den Diamanten schleift. Sie ignorieren die Sündhaftigkeit, Selbstsucht, Gleichgültigkeit oder Gemeinheit des anderen, denn „eines Tages" – so denken sie – „wird alles gut werden". Weil sie nur für das Morgen leben, lassen sie das Heute ungenutzt vorübergehen. Oft verbringen sie ihr Leben mit Warten. Sie warten darauf, daß der andere sie liebt, nett ist, Christus annimmt, aufhört zu trinken oder sie zu betrügen und so fort. Und die ganze Zeit wollen sie nicht sehen, was der andere wirklich tut und wie er sich wirklich verhält.

Eine meiner Patientinnen machte sich neunzehn Jahre lang vor, ein glückliches, christliches Familienleben zu führen. Die ganze Zeit jedoch schlug ihr Mann – er gehörte zur Gemeindeleitung einer bibeltreuen Gemeinde – die Kinder und auch sie und zwang sie zu abartigen sexuellen Praktiken. Aus Sehnsucht nach einem harmonischen, christlichen Familienleben ließ diese Frau die Realität, daß sie physisch und emotional mißhandelt wurde, neunzehn Jahre lang nicht an sich herankommen. Für alle Außenstehenden schien dieses Paar ein Musterbeispiel einer guten christlichen Ehe zu sein. Ihr Dienst für Christus war beeindruckend, und ihre Familie machte nach außen hin einen reizenden Eindruck. Es war der Frau all die Jahre nie in den Sinn gekommen, sich jemandem zu offenbaren und zu erzählen, was zu Hause wirklich los war.

8. Sie haben ein starkes Bedürfnis, alles zu kontrollieren. Beziehungsabhängige haben eine übersteigerte Angst davor, die Kontrolle über ihre Lebensumstände zu verlieren. Oft ist in ihrer Kindheit alles so chaotisch gewesen, daß sie nur überleben konnten, indem sie überverantwortlich wurden und alles genauestens kontrollierten. Noch als Erwachsene bemühen sie sich, ihre Gedanken, Gefühle und ihr Verhalten stets unter Kontrolle zu halten. Auch anderen gegenüber versuchen sie das, und zwar vielfach, indem sie „lieb" sind und alles tun, was der andere möchte. Ihr „liebevolles" Verhalten ist also in Wirklichkeit Manipulation. Sie handeln „liebevoll", um über das Verhalten des anderen Kontrolle zu erlangen. „Wenn ich ihn noch mehr liebe, wird er nicht mehr bis in die Nacht arbeiten." – „Wenn ich noch besser koche, wird er pünktlich nach Hause kommen." – „Wenn ich abnehme, wird er sich sexuell von mir angezogen fühlen." – „Wenn ich seine Pornohefte verstecke, wird er statt dessen in der Bibel lesen." – „Wenn ich ihm schon am Abend vorher alle Sachen zum Anziehen hinlege, wird er nicht wieder zu spät zur Arbeit kommen und so seine Stelle gefährden."

Wie man sieht, sind die meisten Kontrollversuche von Angst bestimmt. Gewöhnlich sind die Menschen entsetzt, wenn ihnen klar wird, daß ihre sogenannte Hilfsbereitschaft anderen gegenüber ein unbewußtes Mittel zur Kontrolle oder zur Abwehr von Unheil gewesen ist.

Zusammenfassend kann man sagen, daß Beziehungsabhängige nach ziemlich genau festgelegten Verhaltensmustern handeln. Was sind aber die Wurzeln dieser Verhaltensmuster? Darauf wollen wir im nächsten Kapitel eingehen.

Kapitel 4
Wurzeln der Beziehungsabhängigkeit

Unterschwellig wurzeln beziehungsabhängige Verhaltensmuster in zwei Problemen: in Scham und in Verlassenheitsangst. Gehen wir zunächst auf das Problem der Scham ein.

Das Problem der Scham

Was ist Scham? In unserer westlichen Kultur stehen die Begriffe Scham und Schuld in engem Zusammenhang. Schuld ist für uns meist eine ganz persönliche Sache. Man wird schuldig, wenn man eine gesellschaftlich festgelegte Grenze überschreitet oder einen bestimmten Sittenkodex verletzt. Bei der Scham ist dagegen das soziale Umfeld mit einbezogen. Wer schuldig geworden ist, schämt sich vor den anderen (und möglicherweise auch vor sich selbst). Zur Scham gehört also immer ein Gegenüber, jemand, vor dem man sich schämt, auch wenn man das nur selber ist. Wer sich schämt, fühlt sich vor sich selbst oder vor anderen herabgesetzt und bloßgestellt. Solch eine Schamerfahrung kann unterschiedlich wirken. Entweder führt sie zu neuer Selbsterkenntnis, die uns hilft, uns zu ändern und zu wachsen. Oder sie wird zum beengenden, erniedrigenden Erlebnis, das wir möglichst verbergen. Unsere Sprache beschreibt das sehr bildhaft. So sagen wir zum Beispiel, daß jemand „vor Scham am liebsten im Erdboden versinken" oder sich „vor Scham verstecken" möchte.

Dieser Zusammenhang zwischen Schuld und Scham und dem daraus folgenden Bedürfnis, seine „Schande" irgendwie zu verbergen, wird schon auf den ersten Seiten der Bibel eindrücklich beschrieben. Gott hatte die ersten Menschen, Adam und Eva, geschaffen und ihnen einen paradiesischen Garten als Lebensraum gegeben. Sie durften alle Früchte aus diesem Garten essen mit Ausnahme der Früchte eines bestimmten „Baumes der Erkenntnis des Guten und des Bösen". Aber die Menschen mißachteten diese Grenze, die Gott ihnen gesetzt hatte, und übertraten sein Gebot: Sie aßen von der Frucht. Die Folge war, daß sie sich schämten. Noch bevor Gott die beiden wegen ihrer Übertretung zur Rede stellte, „merkten sie, daß sie nackt waren, und flochten Feigenblätter zusammen und machten sich Schurze" (1. Mose 3, 7). In ihrem stolzen Streben, Erkenntnis zu erlangen und wie Gott zu sein, hatten sie Gottes Gesetz gebrochen. Die Folge dieser Schuld war das Gefühl der Scham und der Verlust ihrer Selbstachtung, zunächst vor sich selbst und später auch Gott gegenüber. Sie fühlten sich bloßgestellt als fehlbar, schwach, rebellisch, stolz und sündhaft. Die Scham darüber wurde zum Grundgefühl ihres Lebens, und so lebten sie von da an in einem *Zustand der Scham.* Und weil alle ihre Nachkommen – die gesamte Menschheit – in ihre Rebellion gegen Gott mit eingeschlossen wurden, ist auch dieser Zustand der Scham auf alle Menschen bis hin zu uns übergegangen. Wir schämen uns, weil wir unzulänglich, schwach und fehlerhaft sind.

Schamreaktionen im Lebensstil. Aus dieser Scham heraus versuchen wir, unsere Fehlbarkeit, unser Versagen, unsere Probleme und Schwächen zu verbergen. Das tun wir, indem wir zum Beispiel andere Menschen und deren Unzulänglichkeit in den Mittelpunkt rücken, um uns dann positiv von ihnen abzuheben. Weil wir befürchten, daß in einer engen, vertrauten Beziehung der andere unsere Schwächen aufdecken könnte und wir dann dieser Bloßstellung schutzlos ausgeliefert wären, schaffen wir Distanz zum anderen. Indem wir zu viel arbeiten, uns in Betriebsamkeit stürzen, Kontrolle, Machtspiele und andere Verteidigungsmechanismen einsetzen, halten wir uns den anderen vom Leibe. Um zu beweisen, daß wir – entgegen unserer eigenen innersten Überzeugung – doch recht annehmbare Menschen sind, werden wir zu Perfektionisten. Mit besonderen Leistungen versuchen wir, unsere Unzulänglichkeiten zu überdecken.

Schon der erste Sohn von Adam und Eva, Kain, versuchte es mit dieser Taktik. Er wollte durch seine Landprodukte, die der Ertrag seiner Arbeit und Leistung waren, seine Schuld sühnen und seine Scham überdecken. Gott machte ihm klar, daß menschliche

Schautafel 2:
Schamzustand und Schamerlebnisse

Der Zustand der Scham führt zu:

Schamreaktionen im Lebensstil

Schwächen verbergen

Andere beschuldigen

Scham auf andere projizieren

Überhöhte Erwartungen gegen sich selbst und andere

Perfektionismus

Leistungsorientierung

Angst vor Nähe

Sich andere vom Leibe halten

Macht-/Kontrolltaktiken

Nachgiebigkeit / Unterwürfigkeit

Den Leuten gefallen wollen

Immer „nett" sein wollen

Richtendes Verhalten

Besondere Schamerlebnisse führen zu:

Besonderen Schamreaktionen

Erröten, wenn der Reißverschluß offen ist

Stottern, wenn man eine Frage nicht beantworten kann

Die Eltern wegen einer Zensur in der Klassenarbeit anlügen

Sich bewußt altmodisch, nachlässig und schlecht kleiden, weil man sich schämt, eine Frau zu sein

Anstrengungen und Leistungen dazu nicht ausreichen, daß sie Schuld und den *Zustand der Scham* nicht aufheben können (1. Mose 4).

Besondere Schamreaktionen. Dieser *Zustand der Scham* ist zu unterscheiden von besonderen Schamerlebnissen, wie wir sie im Alltag erleben können, etwa wenn wir uns in der Öffentlichkeit verkehrt benehmen oder wenn wir bei einer Unwahrheit ertappt werden. Die Reaktionen auf solche persönlichen Schamerfahrungen gehen über das Bedürfnis noch hinaus, den Zustand der Scham zu überdecken, zu verbergen oder zu leugnen. Diese Reaktionen bezeichne ich als „besondere Schamreaktionen" im Gegensatz zu den oben beschriebenen „Schamreaktionen im Lebensstil".

Die Palette an Beispielen für „besondere Schamreaktionen" reicht weit. Da gibt es das Rotwerden, wenn uns jemand darauf aufmerksam macht, daß unser Hosenreißverschluß offen steht; das Stottern, wenn der Lehrer oder eine andere Respektsperson eine Frage stellt und wir nicht antworten können; die Lüge, wenn ein Kind seinen Eltern eine schlechte Zensur in der Klassenarbeit verheimlichen will (siehe Schautafel 2).

Eins wird deutlich: Weder durch Schamreaktionen im Lebensstil noch durch besondere Schamreaktionen wird das Problem der Scham an sich gelöst. Denn Scham hängt – wie eingangs ausgeführt – mit Schuld zusammen. Deshalb muß, wer etwas gegen die Scham tun will – und gegen die damit zusammenhängenden unguten Reaktionen –, beim Problem der Schuld ansetzen.

Jesus Christus hat das für uns getan. Er hat die Schuld aller Menschen und die Strafe dafür – den Tod – auf sich genommen. Jedem, der ihn darum bittet, will er vergeben und ihn damit auch befreien aus dem Zustand der Scham: Wenn die Schuld nicht mehr existiert, wird die Scham gegenstandslos und mit der Scham auch die Schamreaktionen. Der Schamzustand ist überwunden.

Wer von Jesus Vergebung empfangen hat, der braucht also Fehler nicht mehr zu leugnen und Schwächen nicht mehr zu vertuschen. Er kann es wagen, sich die Wahrheit über sich selbst einzugestehen. Ja, er bekommt den Mut zu einer regelrechten inneren Inventur (Jakobus 1, 19-25), weil er weiß, daß Jesus alles, was da ans Licht kommen könnte, auf sich nehmen will (z. B. Jesaja 44, 22).

Schautafel 3a:
Der Zustand des Menschen

Der Mensch vor der Umgestaltung/Erneuerung durch Jesus Christus

Geistlich	Psychisch	Im Verhalten
Er ist geschaffen nach dem Bilde Gottes, von unendlichem Wert und von Gott geliebt, aber von ihm durch die Sünde getrennt. Im *Schamzustand*, weil offensichtlich fehlbar, sündig und begrenzt. Vor sich selbst, vor anderen und vor Gott ist er offenkundig, daß er nicht so ist, wie er sein könnte, sollte und auch möchte.	Er versucht, Scham zu überdecken; er versteckt und verbirgt das wahre Selbst vor anderen. Er versucht, seine Scham auf andere zu übertragen. Außergewöhnliche *Schamerfahrungen* versucht er geheimzuhalten, oder er reagiert darauf mit Verteidigungsmechanismen. Durch perfektionistisches Verhalten versucht er, die Scham zu verbergen. Sein Selbstwertgefühl gründet sich auf Leistungen. Er meidet Nähe und Vertrautheit, weil dabei seine Fehlbarkeit und seine Schwächen offenbar werden könnten, deren er sich schämt. Anstelle von Selbstachtung hat er ein ausgeprägtes Gefühl der Wertlosigkeit.	Er streitet Schuld ab und ignoriert Schwächen. Er neigt zu Moralismus und Selbstgerechtigkeit. Selbsterkenntnis umgeht er möglichst. Er hält sich andere vom Hals, schafft ein unechtes Selbst, wirkt oft arrogant. Er beschuldigt andere; neigt bisweilen zu Wutausbrüchen. Andere werden entweder kritisiert und verachtet oder aber bemuttert und umsorgt. Er gibt sich immer nett und überaus hilfsbereit und versucht, anderen zu gefallen, um seine Scham oder Verwundbarkeit zu überdecken. Durch Arbeitswut, Zornausbrüche, Vorurteile, Kontrolltaktiken und Machtspiele schafft er Distanz zu anderen. Bisweilen handelt er zwanghaft und absurd in dem Bemühen, sich selbst und anderen zu beweisen, daß er nicht so wertlos und schlecht ist, wie er sich fühlt.

Schautafel 3b:
Der Zustand des Menschen

Der Mensch, bei dem die Umgestaltung / Erneuerung durch Jesus Christus begonnen hat

Geistlich	Psychisch	Im Verhalten
Er ist geschaffen nach dem Bilde Gottes, von unendlichem Wert; von Gott geliebt, nicht wegen seiner Leistungen, sondern weil er Gottes Kind ist. Seine Sünde ist vergeben, er ist gereinigt und befähigt, sich zu ändern und innerlich zu wachsen. Gottes Gnade dringt vor bis zum Kern der Persönlichkeit und wandelt den *Schamzustand* in den *Gnadenzustand*.	Er ist offen gegenüber anderen, aber auch verwundbar. Fehlbarkeit und Schwächen kann er eingestehen, Kritik und Korrektur durch die Heilige Schrift und andere Menschen annehmen. Er scheut sich nicht mehr vor Selbsterkenntnis. Auf Schamerlebnisse reagiert er sich selbst und anderen gegenüber barmherzig und offen. ● Er setzt sich selbst nicht mehr herab, weil Christus die Strafe für alle Schuld getragen hat. Weil er Christi Vergebung und Gnade angenommen hat, wächst seine Selbstachtung. Er kann seinen Perfektionismus ablegen, mit dem er seine Fehlbarkeit verbergen wollte. Sein Selbstwertgefühl gründet sich nicht mehr auf seine Leistung, sondern auf die Tatsache, daß Gott ihn geschaffen und als sein Kind angenommen hat.	Er kann Fehler vor sich und anderen zugeben. Er überprüft sein eigenes Verhalten (geistliche Inventur), nicht um sich selbst zu verdammen, sondern um Irrtümer zu erkennen und zuzugeben und um geheilt zu werden. Besondere Schamerlebnisse nutzt er, um sich zu ändern und innerlich zu wachsen. Er öffnet sich bereitwillig anderen gegenüber und reagiert barmherzig und verständnisvoll auf Schwächen bei sich und anderen. Er weiß, daß er zeitlebens Fehler machen wird und gesteht sich das auch zu. Damit trennt er sich von dem idealisierten Bild von sich selbst, das er sich und anderen vorgetäuscht hat, und wird so echt, heil und realistischer im Umgang mit sich selbst und anderen.

Altgewohnte Reaktionen wie Bitterkeit, Abwehrmechanismen, Angst, Perfektionismus oder Zwanghaftigkeit gehen zurück. Dafür wächst von Gottes Geist gewirktes Verhalten: Liebe, Freundlichkeit und Güte (Epheser 5, 1-21; Galater 5, 16-26). Durch Gottes Kraft werden schamorientierter Lebensstil und besondere Schamreaktionen Schritt für Schritt in gesunde, am Vorbild Jesu orientierte Reaktionen umgestaltet. Und wer zurückfällt in seine alten Gewohnheiten, dem gilt dann der Zuspruch und Trost in 1. Johannes 2, 1.2: „Ich schreibe euch, damit ihr nicht sündigt. Und wenn jemand (doch) sündigt, dann haben wir einen Fürsprecher bei dem Vater, Jesus Christus, der gerecht ist. Und er ist die Versöhnung für unsere Sünden, nicht allein aber für unsere, sondern auch für die der ganzen Welt."

Deshalb wirken von Christus umgestaltete Menschen ausgewogen und echt. Sie können ihr Versagen offen zugeben und verhalten sich anderen gegenüber natürlich und frei. Sie haben es nicht mehr nötig, ihre Selbstachtung und ihren Selbstwert auf Leistung, Perfektion oder irgendwelche „guten Werke" zu stützen. Machtspiele und Kontrollverhalten, die sie früher eingesetzt haben, um andere zu manipulieren und ihr eigenes Selbstwertgefühl aufzupolieren, können sie nun ablegen. Sie brauchen nicht mehr andere zu beschuldigen und zu verurteilen, um so von ihrer eigenen Schuld und Scham abzulenken. Für umgestaltete Menschen sind auch die täglichen „besonderen Schamerlebnisse" eine Chance zu innerem Wachstum und zur Reife des Selbstbewußtseins und nicht länger Auslöser für Selbstverurteilung und Selbstbestrafung oder zwanghaftes Verhalten. (Siehe Schautafel 3b als Überblick für diesen Prozeß.)

Es ist allerdings wichtig zu wissen, daß trotzdem noch Schamreaktionen auftreten können. Auch wenn wir darauf vertrauen, daß Christus unsere persönliche Schuld gesühnt hat und wir nicht mehr im *Schamzustand* leben, können wir noch in peinliche Situationen geraten. Denn natürlich kann es uns auch dann noch passieren, daß wir uns in der Öffentlichkeit falsch verhalten und deswegen rot werden.

Und auch die Schamreaktionen im Lebensstil sind nicht automatisch überwunden, wenn wir die Vergebung Jesu angenommen haben und deshalb auch vom Schamzustand befreit sind. Denn die schamorientierten Verhaltensmuster haben sich meistens sehr tief eingeprägt, und es ist schwer, mit alten Gewohnheiten zu brechen.

Doch die Vergebung und die Gnade Christi ist deshalb für unser alltägliches Leben nicht etwa bedeutungslos. Denn wenn wir immer tiefer begreifen und ermessen, was es bedeutet, daß Christus uns von unserer Schuld befreit hat und damit auch vom *Zustand der Scham*, dann werden bei uns sowohl alte „Schamreaktionen im Lebensstil" wie auch „besondere Schamreaktionen" abnehmen und sich verändern.

Das Problem der Verlassenheitsangst

Die zweite Wurzel für beziehungsabhängiges Verhalten ist Verlassenheitsangst.

Bei dem Begriff Verlassenheit denken die meisten an Extremfälle, etwa wenn ein Haustier an einer Autobahnraststätte ausgesetzt wird oder wenn ein Baby als Findelkind irgendwo hingelegt wird. Es gibt jedoch über diese besonders krassen Beispiele hinaus noch viele andere Formen von Verlassenheit.

Emotionale Verlassenheit

Da ist zunächst die emotionale Verlassenheit. Auch wenn ein Kind rein äußerlich gut versorgt wird, kann es sich verlassen fühlen. Denn es braucht neben Nahrung und Kleidung auch Zuwendung, Bestätigung und Wärme. Wenn diese Bedürfnisse nicht befriedigt werden, fühlt es sich verlassen. Oft merken die Erwachsenen das nicht einmal. Da ist z. B. ein Vater, der, wie er meint, alles für seine Familie tut. Er sorgt für ein Zuhause, ein Auto, reichlich Nahrung, einen gewissen Komfort. Um aber das Geld für all das aufbringen zu können, macht er ständig Überstunden. Wenn er dann nach Hause kommt, ist er erschöpft und einfach nicht mehr fähig, auf seinen kleinen Sohn einzugehen, der vielleicht gerade mit ihm toben möchte. Er sagt: „Geh spielen!" Und das Kind geht auch wirklich. Aber es spielt nicht. Es fühlt sich verlassen.

Manchmal ist auch die Mutter unfähig, ihrem Kind emotional angemessen zu begegnen, weil sie selbst als Kind belästigt oder mißbraucht worden ist. Sie hat nie gelernt, wie sie eine vertraute Beziehung zu anderen aufbauen kann oder wie sie Liebe ausdrücken soll. Ihr Kind empfindet ihre distanzierte Art als Verlassenheit, selbst dann, wenn die Mutter es von Herzen liebt. Solche Kinder *wissen,* daß ihre Eltern sie liebhaben, sie *fühlen* sich aber nicht geliebt.

Dabei ist den Eltern das alles oft gar nicht bewußt. Sie vernachlässigen ihr Kind meist nicht absichtlich oder böswillig. Es kann sein, daß sie sich um kranke Angehörige oder ein anderes krankes Kind kümmern müssen und deshalb für die anderen Kinder kaum noch Kräfte übrig haben. Manchmal läßt sich nichts gegen die Vernachlässigung eines Kindes tun, beispielsweise wenn der Vater stirbt und die Mutter gezwungen ist, arbeiten zu gehen, und dem Kind deshalb die Bestätigung und Wärme fehlt, die es braucht.

Verlassenheit durch Unterdrücken von Gefühlen

Verlassenheitsgefühle können aber auch dann entstehen, wenn jemandes Gefühle geleugnet, entehrt, unterdrückt, bestraft oder lächerlich gemacht werden. Das ist unter Christen leider besonders oft der Fall. Viele meinen, man müsse unterscheiden zwischen guten und schlechten Gefühlen. Und sie versuchen, die „schlechten" wie Angst, Zorn oder Ärger zu unterdrücken. Dabei wird vergessen, daß Gott uns mit der Fähigkeit zu fühlen geschaffen hat. Gefühle an sich sind weder gut noch schlecht – sie sind einfach da. Gott hat sie uns als eine Art von Kontrollsystem gegeben. Sie sollen uns zeigen, was eigentlich vor sich geht. Wenn ich z. B. ahnungslos die Straße entlanggehe und mich plötzlich jemand von hinten am Kragen packt, dann beginnt mein Herz zu rasen, mir wird siedend heiß und ich werde zornig. Dieses Gefühl des Zorns ist mit dem roten Licht am Armaturenbrett eines Autos zu vergleichen, das aufleuchtet, wenn der Ölstand zu niedrig ist. Natürlich kann man das Lämpchen zerstören. Dann brennt es nicht mehr und alles scheint in Ordnung zu sein. Aber das eigentliche Problem –

der niedrige Ölstand – ist damit nicht behoben, und irgendwann geht der Motor dann kaputt.

Ähnlich verhängnisvoll kann es werden, wenn man versucht, ein „schlechtes" Gefühl zu unterdrücken. Denn das eigentliche Problem, nämlich das, was dieses Gefühl verursacht hat, wird dadurch nicht gelöst. Sich seiner Gefühle zu schämen und sie zu unterdrücken, kann verheerende Auswirkungen auf das emotionale Leben und das Selbstbild eines Menschen haben.

Welchen Sinn haben die verschiedenen Gefühle für uns?

Trauer kann Energien freisetzen, die uns helfen, Schmerz und Verluste zu verarbeiten und innerlich wieder heil zu werden. Wenn Traurigkeit verwehrt und abgeblockt wird, friert der Schmerz in uns ein, und dieses Einfrieren des Schmerzes kann zu Depressionen, Verzweiflung und schlimmstenfalls sogar zu Selbstmord führen.

Angst macht uns auf eine Bedrohung unserer Grundbedürfnisse im körperlichen, emotionalen, geistlichen oder sozialen Bereich aufmerksam. Und man reagiert darauf angemessen, wenn man sich gegen diese Bedrohung schützt. Wenn Angst aber lächerlich gemacht wird, kann sie zu Panik, krankhaften Angstzuständen oder gar Verfolgungswahn werden.

Schuldgefühle können uns dazu bewegen, unser Verhalten zu ändern. Wer Schuldgefühle immer wieder unterdrückt, verliert schließlich alle moralischen Maßstäbe, die für das soziale Zusammenleben notwendig sind.

Freude empfinden wir, wenn unsere Bedürfnisse befriedigt sind und wir uns wohlfühlen. Wenn das bei uns aber zu Schuldgefühlen führt, werden wir verklemmt und verkrampft.

Scham kann ein gesundes Bewußtsein für unsere natürliche Begrenztheit als Menschen schaffen.

Ärger zeigt uns an, daß jemand unsere Grenzen verletzt hat und wir etwas dagegen tun müssen. Wird Ärger als sündig bezeichnet und deshalb unterdrückt, entstehen Bitterkeit, Groll und Wut.

Statt die Gefühle als Geschenke Gottes zu verstehen, mit denen wir klug umgehen müssen und die wir nicht herabwürdigen oder mißachten dürfen, werden sie in vielen Familien als beschämend, albern, unschicklich oder kindisch abgetan. Wenn jemand seine

Gefühle nicht unterdrücken kann, sagt er dann vielleicht entschuldigend: „Ich müßte mich eigentlich zusammennehmen." Oder man geht mit anderen ins Gericht und sagt: „Reiß dich zusammen!" So gewöhnen wir uns daran, unsere Gefühle zu verbergen, zu unterdrücken und zu ignorieren. Doch werden wir sie so nicht wirklich los. Sie sinken ins Unbewußte und verursachen dann, ohne daß uns das bewußt wird, innere Schäden.

Auch in wirklich liebevollen Familien gibt es diese Form emotionaler Verlassenheit. Wenn die Eltern selbst in ihrer Kindheit von ihren eigenen Eltern in der besten Absicht dazu angeleitet wurden, Gefühle zu unterdrücken, erziehen sie ihre Kinder ebenso und geben so die „Sünden" von einer Generation zur nächsten weiter.

Das Problem ist, daß viele Eltern in ihrer Kindheit selbst nicht ihrer jeweiligen Entwicklung gemäß umsorgt worden sind und deshalb ihren Kindern nicht die Fürsorge weitergeben können, die sie brauchen. Eltern, die selbst emotionale Verlassenheit erlitten haben, suchen oft unbewußt die Erfüllung ihres unerfüllten Bedürfnisses nach Bewunderung, Annahme und Bestätigung bei ihrem Kind. Nicht die Eltern kümmern sich dann, so wie es sein sollte, um die emotionalen Bedürfnisse des Kindes, sondern das Kind sorgt für die Eltern. Dieses Erleben der „elterlichen Umkehrung" ist ebenfalls eine Form emotionaler Verlassenheit. Denn niemand sorgt für das Kind. Die Eltern mögen zwar fürsorglich und sensibel sein, aber wegen ihrer emotionalen Verluste in der eigenen Kindheit sind sie unfähig, eine tiefe innere Beziehung zu ihrem Kind aufzubauen. Rein äußerlich ermutigen sie das Kind, aber sie können für seine inneren Bedürfnisse nicht genug sorgen, weil ihre Beziehung zu ihrem Kind nicht tief genug ist. So glaubt das Kind schließlich, daß es nur wegen seiner Leistung geliebt wird, nicht aber um seiner selbst willen. Es fühlt sich in seinem innersten Kern mißachtet und verlassen.

Auswirkungen von emotionaler Verlassenheit

Welche Folgen hat es, wenn sich ein Kind nicht um seiner selbst willen anerkannt und angenommen fühlt?

Ein Ergebnis ist die Abkopplung von Gefühlen. Weil die Eltern keine Beziehung zu den Gefühlen des Kindes haben können, kann das Kind seine Gefühle nie ohne Scham oder Schuldgefühle erleben. Manchmal wird es sogar unfähig, überhaupt etwas zu empfinden. Zwar weiß das Kind, was es *tun* und *machen* soll, aber nicht, wie es *sein* soll. Es denkt, aber es fühlt nicht. Es kann von seinem Kummer erzählen, aber nicht darüber weinen.

Ein Kind in dieser Situation entwickelt häufig auch eine Scheinidentität. Es verbirgt unbewußt sein eigentliches Wesen und zeigt nach außen hin eine Fantasiegestalt, die den Erwartungen der Erwachsenen entspricht. So wird es von seinem wahren Selbst abgeschnitten und weiß schließlich selbst nicht mehr, wer es in Wirklichkeit ist. Weil so ein Kind seine eigenen Bedürfnisse und Gefühle nicht kennt, wird es leistungsorientiert und versucht, durch sein Tun Anerkennung zu erringen.

Wenn ein Kind sein Handeln und seine Äußerungen so stark nach den Vorstellungen der Erwachsenen ausrichtet, meint man oft irrigerweise, daß seine Beziehung zu den Eltern besonders gut ist. Später kommt das Kind als Erwachsener möglicherweise mit schweren Depressionen in die Therapie und glaubt allen Ernstes, daß seine Kindheit ungetrübt und die Beziehung zu seinen Eltern gesund gewesen sei. In Wirklichkeit ist die enge Verbindung, die er fühlt, eine tragische Verstrickung, denn weil er immer noch von der Anerkennung der Eltern abhängig ist, kann er sich nicht von ihnen lösen und sich als eigenständige Person erleben. Er ist von seinem wirklichen, echten Selbst abgetrennt und kennt nur seine Scheinidentität. So lebt er mit der Illusion, daß bei ihm zu Hause alles in Ordnung war und er noch immer eine sehr gute Beziehung zu den Eltern hat. Ihm ist nicht bewußt, daß er als Kind emotional verlassen war, und er verwechselt seine tragische Verstrickung und Abhängigkeit mit Nähe und Vertrautheit.

Verlassenheit durch Grenzverletzung

Auch durch Grenzverletzungen können Verlassenheitsgefühle entstehen. Grenzen sind die Schutzlinien unserer Persönlichkeit. Es gibt physische, emotionale, psychologische und geistliche Grenzen. Jeder Mensch hat schon irgendwann einmal Grenzverletzungen erlebt. Wenn sich beispielsweise bei einer Unterhaltung jemand zu weit zu uns herüberlehnt, dann rücken wir automatisch ein Stück von ihm ab. Unsere physische Grenze wurde überschritten. Die meisten Menschen haben ein sehr sicheres Gespür für diese physischen Grenzen, sind sich aber ihrer emotionalen Grenzen kaum bewußt. Wie können physische und emotionale Grenzen verletzt werden?

● Wenn ein Vater seine zehnjährige Tochter immer noch badet.

● Wenn eine Mutter ihrem heranwachsenden Kind Einzelheiten ihrer unglücklichen Ehe mit dem Vater anvertraut.

● Wenn eine Mutter jeden Tag ihren verheirateten Sohn anruft und sich erkundigt, ob er auch richtig gefrühstückt oder seinen Schirm mit zur Arbeit genommen hat.

● Wenn Eltern darauf bestehen, das Gehalt vom Ehemann ihrer Tochter zu erfahren.

● Wenn einem kleinen Jungen die Rolle des fürsorglichen, verantwortlichen „Großen" aufgedrängt wird und er für seine jüngeren Geschwister sorgen muß.

● Wenn eine Frau, die schon seit zwanzig Jahren verheiratet ist, keine Entscheidungen trifft, ohne sich vorher mit ihrer Mutter abzusprechen.

● Wenn Eltern ihr Kind zum Studium bestimmen, obwohl das Kind lieber eine Lehre machen würde.

● Wenn die Mutter beleidigt reagiert, weil ihr erwachsener Sohn sein Zimmer oder die Badezimmertür abschließt.

● Wenn ein kleines Mädchen zum „Hausmütterchen" gemacht wird, weil ihre Mutter Hausarbeit nicht mag oder es zu „Vatis Schatz" wird, weil die Eltern sich nicht gut verstehen.

● Wenn Eltern nackt im Haus herumlaufen oder es ihren Kindern erlauben, die älter als drei oder vier Jahre sind.

● Wenn ein Vater seine einundzwanzigjährige Tochter fragt, ob sie noch Jungfrau ist oder wie sie sich während ihrer Periode fühlt.

Jedes dieser Beispiele beschreibt eine Grenzverletzung. In jedem Fall wurde die Würde eines Menschen verletzt und bei ihm dadurch Scham, Angst, Ärger oder Schmerz hervorgerufen. Ohne

Grenzen ist jeder von uns hilflos den anderen ausgeliefert. Deshalb ist es wichtig, daß man die Grenzen anderer respektiert und die eigenen Grenzen wahrt. Eltern, die das tun, helfen ihren Kindern, ebenfalls so zu handeln.

Wenn beispielsweise ein Kind immer wieder beobachtet, wie seine Mutter dem taktlosen Verhalten von Onkel Heinz Grenzen setzt, dann lernt es, daß es in Ordnung ist, andere höflich zurechtzuweisen, daß auch Verwandte nicht das Recht haben, taktlos oder unverschämt zu sein, daß Frauen sich Männern gegenüber verteidigen und schützen können und daß es normal ist, sich zu wehren, wenn jemand die eigenen Grenzen verletzt. So kann das Kind durch das Beispiel der Mutter ein inneres Modell für sein eigenes Leben entwickeln.

In Familien, in denen Grenzen nicht respektiert oder in denen Grenzverletzungen widerspruchslos hingenommen werden, können Kinder nicht die innere Stärke entwickeln, die sie brauchen, um selbst angemessene Grenzen zu schaffen und sie notfalls zu schützen. Oft fragt man sich, warum eine Frau weiter bei einem Mann bleibt, der sie emotional oder sogar physisch mißbraucht. Immer wieder, wenn ich mit so einer Frau zu tun hatte, zeigte sich, daß sie nicht wußte, wie sie angemessene Grenzen setzen konnte und daß sie nicht einmal die Bedeutung von Grenzen kannte.

Verlassenheit durch sexuelle Übergriffe

Eine Form der Grenzverletzung erfordert besondere Erwähnung, nämlich der Bereich sexueller Übergriffe. Verletzungen in diesem Bereich werden leider meistens totgeschwiegen. Man schämt sich zu sehr, und deshalb hat man Angst, über derartige Grenzverletzungen zu sprechen. Sexuellen Mißbrauch gibt es auch im Raum christlicher Gemeinden, und zwar sowohl an Mädchen wie an Jungen. Er umfaßt heimliche und offenkundige Manipulationen. Ein Kind bis zur Hysterie zu kitzeln ist genauso als sexueller Übergriff zu werten wie eine Vergewaltigung. Sexuelle Bemerkungen über ein Kind oder einem Kind gegenüber können genausoviel Schaden anrichten wie körperliche Berührungen. Grenzen sind Grenzen,

Schautafel 4:
Grundbedürfnisse des Menschen

Physisch: Berührung/Anreize, gehalten und liebkost werden; medizinische Versorgung; Nahrung; Wärme; Unterkunft; Kleidung; Wasser; sexueller Kontakt.

Geistig: Anregung/Antrieb/Herausforderung; Vergnügen; Schmerz; Spiel; Sicherheit; innerer Frieden; Abgrenzungen.

Sozial: Gesellschaftstruktur, Grenzen, Harmonie, Aufmerksamkeit; Anerkennung als besondere Persönlichkeit; Leistung; Prägung; Identifikation mit anderen im Umfeld wichtigen Menschen; Verständnis, Bestätigung.

Emotional: Bestätigung von Bedürfnissen und Gefühlen; Ermutigung; Lob; Wärme; Zuneigung; das Bewußtsein, eine eigenständige Persönlichkeit zu sein; von anderen umsorgt zu werden; ein Gefühl von Einzigartigkeit und Wert, von Erwünscht- und Geschätztsein um seiner selbst willen.

Geistlich: Gnade, Barmherzigkeit, Vergebung; Erlösung, Reue, Heilung; Reife; Gaben des Heiligen Geistes; Anbetung und Lobpreis.

und ob sie bei einem Kind offenkundig oder heimlich und verdeckt verletzt werden – der Schaden ist da! Wir müssen diese Tatsachen sehen und in unseren Familien eine Atmosphäre schaffen, in der es möglich ist, sich unverkrampft und ohne Scham mit diesen Fragen auseinanderzusetzen.

Verlassenheit wegen Vernachlässigung von Grundbedürfnissen

Jeder Mensch hat Grundbedürfnisse: physische, geistige, soziale, emotionale und geistliche (siehe Schautafel 4). In unserer Kultur bewerten wir im allgemeinen diese Bedürfnisse unterschiedlich und plazieren sie auf eine Art Stufenleiter. Das ist in gewisser Weise hilfreich, um diese Bedürfnisse zu verstehen und voneinander zu unterscheiden. Dennoch liegt eine Gefahr darin, sie so in verschiedene Kategorien aufzuteilen. Denn niemand erlebt seine verschiedenen Bedürfnisse getrennt voneinander. Wenn ich z. B. hungrig bin (physisch), fällt es mir schwer, mich zu konzentrieren (geistig), ich werde gereizt (emotional) und kann andern gegenüber kritisch oder unhöflich (sozial und geistlich) werden. In christlichen Kreisen gibt es häufig eine Tendenz, Bedürfnisse übermäßig zu vergeistlichen oder geistliche Bedürfnisse und geistliche Entscheidungen zum einzig wichtigen Faktor im Leben zu machen. Viele sehen es als Zeichen besonderer Reife im Glaubensleben, alles als „rein geistlich" zu betrachten. Dabei merken sie nicht, daß das unserem Wesen nicht gerecht wird. So zeigt sich beispielsweise die Sünde bei weitem nicht nur im geistlichen Bereich, denn es gibt gesellschaftliche Sünden (z. B. Apartheid), und es gibt Auswirkungen von Sünde an kommenden Generationen (z. B. durch Alkoholismus, Geschlechtskrankheiten usw.). Trotzdem suchen viele Christen nach „rein geistlichen" Antworten auf ihre Lebensfragen und vernachlässigen dabei ihre gesellschaftlichen oder entwicklungsbedingten Bedürfnisse. Grundbedürfnisse sind Grundbedürfnisse – keines ist wichtiger als die anderen.

Wenn die Grundbedürfnisse eines Kindes (wie auf Schautafel 4 ersichtlich) vernachlässigt werden, fühlt es sich ungeliebt,

Schautafel 5:
Schamorientierte Persönlichkeitsentwicklung

Schamzustand aufgrund der Erbsünde

plus

Grundbedürfnisse des Menschen

plus

Vernachlässigung/Übergriff/Mißbrauch/Verlassenheit

führt zu

unbefriedigten Grundbedürfnissen

Diese führen zu

Besonderen Schamreaktionen
Das Kind denkt: *„Ich bin schlecht."*
– *„Ich zähle nicht."* – *„Ich bin nicht liebenswert,*
nicht hübsch." – *„Ich bin hoffnungslos, wertlos,*
absolut nutzlos." – *„Ich bin es nicht wert,*
daß man sich um mich kümmert."

Das führt zum

Zerbruch der Beziehungen zwischen dem Kind
und anderen Menschen: *„Ich verdiene nicht,*
irgend etwas zu wollen und zu brauchen."

Das führt zu

vermehrter Schamanhäufung
- Scham darüber, bedürftig, menschlich zu sein
- Scham darüber, allein, hilflos zu sein

Das ruft

Mangel an Bewußtsein für eigene Bedürfnisse

hervor und gipfelt in

Entwicklung eines Phantasie-Ichs
und von zwanghaftem Verhalten als Abwehrmechanismus

mißachtet und unwichtig. Wenn seine Bedürfnisse für längere Zeit oder auf Dauer unbefriedigt bleiben, dann fühlt es sich nicht nur verlassen, sondern meint schließlich auch, selbst an allem schuld zu sein. Seine unbewußte Logik dafür sieht dann etwa so aus:

„Es muß meine Schuld sein, daß meine Bedürfnisse nicht befriedigt werden. Wenn ich gut genug wäre oder etwas wert wäre, dann würden meine Eltern meine Bedürfnisse erfüllen. Ich bin eben zu nichts nütze, ein hoffnungsloser Fall, absolut wertlos. Wäre das nicht so, dann würden sie sich bestimmt um mich kümmern."

Solch einem Kind kommt es überhaupt nicht in den Sinn, daß seine Eltern etwas verkehrt machen könnten. In seiner Vorstellung sind die Eltern wie Götter, die nichts falsch machen. Am Ende bricht dann auch die Verbindung des Kindes zu anderen Menschen zusammen, und es glaubt schließlich: „Ich habe kein Recht, mich auf andere zu verlassen oder jemanden zu brauchen." Und so schämt sich das Kind, weil es bedürftig und allein (verlassen) ist, und es gibt sich selbst auch noch die Schuld dafür. Die Scham wird immer bedrückender, und schließlich verliert das Kind jedes Empfinden für seine Grundbedürfnisse. Es entwickelt ein Phantasiebild von sich selbst, das meist zwanghafte Züge zeigt, wie z. B. zwanghaften Perfektionismus, zwanghaftes Ausleben der Sexualität oder zwanghaftes Manipulieren anderer. Die Situationen solch einer Persönlichkeitsentwicklung illustriert Schautafel 5.

Bindung und Loslösung

Wenn man nach den Wurzeln der Beziehungsabhängigkeit fragt, ist es von zentraler Bedeutung, die Zusammenhänge zwischen Bindung und Loslösung zu verstehen. Die Liebe und Fürsorge, die ein Kind in seinem frühesten Lebensabschnitt von anderen, meist seinen Eltern, empfängt, ist die psychologische Grundlage, auf der sich später die vielfältigen zwischenmenschlichen Beziehungen entfalten können. Im Laufe seiner Entwicklung muß jeder lernen, einerseits einem anderen nahe und eng verbunden zu sein (Bindung), und andererseits sich zu trennen und zu lösen (Loslösung), um zu reifen. Ein Kind, das nicht gelernt hat, sich zu binden und zu lösen, wird es als Erwachsener schwer haben, mit dem Alleinsein umzugehen. Unser Leben lang müssen wir immer wieder Verluste verarbeiten und verkraften, und wer das nicht schon früh gelernt hat, dem fällt das oft sein Leben lang schwer.

Vom Augenblick der Geburt an (und manche sagen, auch schon vor der Geburt) ist das Verhalten eines Säuglings so angelegt, daß er immer engeren Kontakt zu den Eltern oder anderen Betreuern bekommt. In den ersten sechs bis sieben Monaten konzentriert sich das Leben eines Säuglings auf eine bestimmte Person, meistens die Mutter.

In dem Maße, in dem ein Mensch als Baby eine Bindung an seine Hauptbezugsperson entwickeln konnte, kann er später auch Lösungsprozesse vollziehen. Wenn eine starke Bindung an die Mutter bestand, wird das Kind später eine Vielfalt von Reaktionen auf Trennung und Ab- und Loslösung zeigen. Forschungen auf diesem Gebiet haben ergeben, daß dann, wenn eine sichere, zuverlässige frühkindliche Beziehung bestand, die Aufmerksamkeit beim Kind größer ist, es sich beim Spielen besser entfaltet und positive Gemütsbewegungen dabei überwiegen, das Kind sich besser allein beschäftigen kann und es mit elterlicher Hilfe auch besser bei der Lösung von Problemen umgehen kann. Kinder, die sich ihrer Verbundenheit zur Mutter und zu anderen für sie wichtigen Menschen sicher sind, haben es leichter, sich von ihnen zu trennen. Bei Kindern, die sich dessen nicht sicher sind, bewirken Trennungen größere seelische Erschütterungen, und sie haben auch in ihrem späteren Leben mehr Angst vor Verlassenheit.

Jedes Baby entwickelt Angst vor Fremden (ungefähr vom sechsten bis zum neunten Monat) und Trennungsängste (ungefähr vom sechsten bis zum zwölften Monat). Die Kinder jedoch, die keine feste Bindung an eine für sie wichtige Person erlebt haben, reagieren ängstlicher auf künftige Trennungen als Kinder mit sicheren Bindungen. Das Ertragen von Trennung ist erforderlich, um reifen und sich selbst als eigenständige Person erleben zu können.

Es ist wichtig, diesen Zusammenhang zwischen Bindungsbedürfnis und Loslösungsfähigkeit zu begreifen, wenn man beziehungsabhängigen Personen helfen will. Es liegt auf der Hand, daß Menschen, die ständig in Angst vor Verlassenheit leben und sich an ein Leben in Scham gewöhnt haben, eher zu einem verkehrten Lebensmuster wie Beziehungsabhängigkeit neigen. Ihre Heilung wird erleichtert, wenn man zu den Wurzeln dieser Verhaltensmuster zurückgeht.

Kapitel 5
Beziehungsabhängigkeit – eine Sucht

Viele Christen sind der Ansicht, Sucht sei „nur" ein geistliches Problem. „Wenn er nur Jesus fände ...", „Wenn sie nur Christus als Herrn ihres Lebens annehmen würde ..." oder „Wenn er nur mit dem Heiligen Geist getauft würde ...", dann – so meinen sie – wären automatisch auch alle Suchtprobleme überwunden. Diese Sicht des menschlichen Zustands verkürzt jedoch die biblische Perspektive. Sie entspricht eher griechisch-dualistischem Denken statt jüdisch-christlichem Gedankengut. Denn der geistliche Bereich des Lebens ist zwar mit Sicherheit entscheidend wichtig, aber er ist keinesfalls der einzige Bereich, der zählt. Im jüdisch-christlichen Denken sieht man dagegen den Menschen ganzheitlich. Hier wird nicht unterschieden zwischen sakralen und säkularen Bereichen. „Geistliche" Dinge sind nicht irgendwie „besser" oder „höher", sondern einfach Teil des Lebens wie andere Dinge auch. Nach diesem Verständnis ist das ganze Leben geistlich, nicht nur einzelne Bereiche. Das kommt unter anderem auch darin zum Ausdruck, daß nach der Bibel Gott seine Wahrheit auf zweierlei Weise offenbart: durch die Schöpfung bzw. die Natur und durch sein Wort und seinen Sohn Jesus Christus. Theologen bezeichnen das als „allgemeine Offenbarung" und als „besondere Offenbarung".

Folgende Passagen der Bibel sprechen von Gottes Offenbarung in der Schöpfung oder Natur *(allgemeine Offenbarung)*:
„Gott schuf den Menschen zu seinem Bilde, zum Bilde Gottes schuf er ihn; und schuf sie als Mann und Frau" (1. Mose 1, 27).
Hier zeigt sich, daß Gott die Menschen nach seinem Bild geschaffen hat, um zu offenbaren, wer und wie er ist.
„Die Himmel erzählen die Ehre Gottes, und die Feste verkündigt seiner Hände Werk. Ein Tag sagt's dem andern, und eine Nacht tut's kund der andern, ohne Sprache und ohne Worte; unhörbar ist

ihre Stimme. Ihr Schall geht aus in alle Lande und ihr Reden bis an die Enden der Welt. Er hat der Sonne ein Zelt am Himmel gemacht; sie geht heraus wie ein Bräutigam aus seiner Kammer und freut sich wie ein Held, zu laufen ihre Bahn. Sie geht auf an einem Ende des Himmels und läuft um bis wieder an sein Ende, und nichts bleibt vor ihrer Glut verborgen" (Psalm 19, 2-7).

Hier wird beschrieben, wie Gott sich in seiner Schöpfung offenbart. Wer die Schöpfung beobachtet, lernt manche seiner Eigenschaften zu verstehen.

Wie Gott seine Wahrheit durch seinen Sohn und durch die Bibel offenbart *(besondere Offenbarung)*, belegen folgende Stellen:

Johannes 1, 1-5 zeigt, daß Jesus das Wort Gottes, die wichtigste Offenbarung Gottes an die Menschheit, ist.

In Johannes 14, 6-11 sagt Jesus seinen Jüngern, daß er eins ist mit dem Vater.

Kolosser 1, 15-20. Hier stellt Paulus heraus, daß Jesus Christus das Bild des unsichtbaren Gottes ist.

Hebräer 1, 1-3. Der Verfasser des Hebräerbriefes erinnert daran, daß Gott in der Vergangenheit zur Zeit des Alten Testaments durch die Propheten gesprochen hat, jetzt aber durch seinen Sohn, der das Ebenbild seines Wesens ist.

In Psalm 19, 8-11; 119, 160 werden das Gesetz Gottes oder die Worte Gottes als vollkommen gepriesen. Sie sind die Wahrheit, nach der wir leben sollen.

In 2. Timotheus 3, 16.17 wird von Gott eingegebene Schrift, gemeint ist die Bibel, als Maßstab für unser Leben ausgewiesen.

Die Bibel bestätigt also sowohl die allgemeine Offenbarung in der Schöpfung als auch die besondere Offenbarung in Gottes Wort und Gottes Sohn. Ob die Wahrheit nun in der Schöpfung oder in der Bibel entdeckt wird, sie ist immer Gottes Wahrheit.

Griechischer Dualismus und Christentum. Viele Christen wissen nicht, daß sie die griechisch-dualistische statt die biblische Lebenanschauung übernommen haben, wenn sie bestimmte Dinge als geistlich und darum als gut und andere als nicht-geistlich und darum als schlecht oder unwichtig ansehen. Viele meinen beispielsweise, daß sie „geistlich" handeln, wenn sie beten, aber „nicht-geistlich", wenn sie sich die Zeit nehmen, um mit ihren Kindern zu spielen. Oder sie denken, es sei „geistlich", in die Kirche zu gehen, aber „nicht-geistlich", wenn sie mit ihrem Ehepartner schlafen. Doch sie irren sich, wenn sie das als biblisch ansehen, denn in Wirklichkeit stammt diese Sicht aus dem griechischen Dualismus.

Der griechische Dualismus teilt das ganze Leben in zwei Grundkategorien ein: das Gute und das Böse. Die Griechen glaubten, daß alles Sichtbar-Materielle (unser Körper, die menschlichen Aktivitäten, die Umwelt usw.) böse sei, während alles Geistliche (die nicht sichtbaren Wirklichkeiten, die mystischen Wahrheiten, Gottheiten und Himmel) als gut angesehen wurde. Je weniger jemand mit der bösen, sichtbaren Welt zu tun hatte, desto besser war er nach ihrer Sicht als Mensch. Manche Christen der damaligen Zeit hielten diese griechische Philosophie für eine christliche Lebensanschauung und bauten sie in ihre Glaubenslehre ein. Der Apostel Paulus und auch die frühen Kirchenkonzile im dritten und vierten Jahrhundert haben sich mit diesen Ansichten auseinandergesetzt und sie als Irrlehre verurteilt.

Im jüdisch-christlichen Denken sieht man das Leben dagegen ganzheitlich. Wir Menschen sind eine Einheit von Leib, Seele und Geist. Es gibt keine Aufteilung in geistliche und weltliche Bereiche, bei der manche Dinge besser sind als andere. Unser ganzes Leben ist heilig, wenn es zur Ehre Gottes gelebt wird. Es steht als Ganzes unter Gottes Vorsehung, und deshalb ist auch kein Beruf und keine Berufung geistlicher als andere.

Christen und die wissenschaftliche Forschung

Wegen ihrer griechisch-dualistisch beeinflußten Weltschau haben viele Christen nur ein begrenztes Verständnis für die Offenbarung Gottes in seiner Schöpfung, obwohl die Bibel unmißverständlich lehrt, daß Gott sich auch in der Schöpfung geoffenbart hat (allgemeine Offenbarung). Wissenschaftler beschäftigen sich also in ihren Forschungen – eingestanden oder uneingestanden – mit

Gottes Offenbarung in der Schöpfung. In den Fakten, die sie herausfinden, werden Teile der Wahrheit Gottes offenbar, denn Gott ist es ja, der diese Fakten geschaffen hat.

Den meisten Christen fällt es nicht schwer, wissenschaftliche Erkenntnisse zu akzeptieren, wenn es um Biochemie, Volkswirtschaft, Medizin oder Physik geht. Erkenntnissen aus der psychologischen Forschung jedoch begegnen sie mit großem Mißtrauen. Es scheint fast, als hielten sie es für ausgeschlossen, daß ein Wissenschaftler, der nicht Christ ist, durch seine psychologischen Forschungen etwas Wahres über das menschliche Wesen entdecken kann.

Tatsache ist jedoch, daß auch Fakten, die Wissenschaftler über die gefühlsmäßigen und seelischen Zusammenhänge im Menschen entdecken, Teil der göttlichen Wahrheit sind, denn Gott ist die Quelle aller Wahrheit. Er ist unser Schöpfer. Er hat unsere seelischen Funktionen erschaffen. Natürlich hat es im Bereich der psychologischen Forschung – ebenso wie in anderen Wissenschaftsbereichen – Irrwege gegeben. Trotzdem gilt, daß es grundsätzlich keinen Widerspruch gibt zwischen dem, was Gott in der Schöpfung geoffenbart hat (allgemeine Offenbarung) und dem, was er durch seinen Sohn und die Bibel geoffenbart hat (besondere Offenbarung). Ob also ein Wissenschaftler durch seine Beobachtungen und Forschungen Fakten über das menschliche Wesen entdeckt oder ein Theologe sie in der Bibel findet, die Fakten bleiben gleichermaßen Gottes Wahrheit.

Fakten oder Beobachtungen an sich sind wertneutral, solange sie wahr sind, d. h. der Wirklichkeit von Gottes Schöpfung entsprechend. Es gibt allerdings unterschiedliche Ansichten darüber, wie diese Fakten erklärt oder angewandt werden sollen. Fakten oder Forschungsergebnisse an sich brauchen wir also nicht zu fürchten. Wir müssen uns jedoch bewußt machen, daß die Weltanschauung eines Menschen offenkundig oder unterschwellig seine Erklärung der Fakten oder Theorien beeinflußt. Das wird besonders deutlich an der großen Zahl unterschiedlicher psychologischer Theorien oder Schulen, die größtenteils auf den gleichen Beobachtungen des menschlichen Verhaltens beruhen.

Sucht ist wie ein Puzzle

Wenn wir uns mit dem Thema Sucht befassen, dürfen wir also nicht nur in einer Richtung nach Ursachen oder Hilfen Ausschau halten. Sucht ist wie ein Puzzle aus vielen verschiedenen Teilen. Ein Puzzleteil reicht nicht aus, um das ganze Problem zu lösen. Gott hat uns als vielschichtige Wesen geschaffen, deren verschiedene Persönlichkeitsbereiche sich wechselseitig auf vielfache Weise beeinflussen. Wir machen es uns deshalb zu leicht, wenn wir nur einen bestimmten Gesichtspunkt (beispielsweise den geistlichen) als *den* Grund für die Sucht herausstellen. Es stimmt zwar, daß es keine Krankheiten – körperliche und seelische – und keine Beziehungs- und Gesellschaftsprobleme gäbe, wenn Adam und Eva nicht gesündigt hätten. Die Wurzel *aller* menschlichen Probleme ist die Sünde. Doch es ist zu naiv und vereinfachend anzunehmen, daß „wir nur Jesus und eine geistliche Erfahrung brauchen", um alle unsere Probleme zu lösen. Jeder von uns kennt Menschen, die einen unerschütterlichen Glauben an Christus haben und trotzdem an Krebs, Multipler Sklerose, Schüttellähmung, an Depressionen oder Angst leiden oder deren Beziehungen zu anderen zerbrochen sind. Zwar ist eine geistliche Erfahrung mit Christus eine wesentliche Voraussetzung für die Lösung von Problemen. Aber es ist nicht das einzig Nötige. Manchmal gebraucht Gott Ärzte – sogar atheistische Ärzte –, um das Leben von Christen zu retten. Manchmal hilft ein Phychotherapeut oder ein Berater dabei, angeschlagene Beziehungen oder einen verwundeten Geist zu heilen. Manchmal ist Psychotherapie erforderlich, damit der Betreffende lernt, einen neuen Lebensstil zu entwickeln.

Wenn wir uns also mit einer Sucht befassen, müssen wir alle Seiten des Problems berücksichtigen. Alle Teile des Puzzles müssen sich im Genesungsprozeß zusammenfügen. Die geistliche Dimension ist wie ein Grundstein, aber sie ist nicht alles. Das Gebet ist sehr wichtig. Aber Gebete allein reichen meist nicht dazu aus, daß beispielsweise ein Alkoholiker frei wird von seiner Abhängigkeit. Dafür ist das, was da mit hineinspielt, viel zu kompliziert. Es ist bei uns ähnlich wie bei jenem Elefanten, der von einer Gruppe Blinder beurteilt werden sollte. Je nachdem, welche Körperstelle der einzelne betastete, wurde der Elefant als knochig, wabbelig, fest, dick, hart oder weich bezeichnet. Ursache ihrer so widersprüchlichen Erkenntnisse waren die unterschiedlichen Standpunkte, von denen sie ausgegangen waren. Das ist auch in anderen Bereichen so. Bedingt durch den jeweiligen Standpunkt kommen wir Menschen zu unterschiedlichen Anschauungen. Das ist bei der Sucht nicht anders.

Es gibt im Suchtpuzzle drei Hauptteile. Zwar sind noch nicht alle drei Bereiche erschöpfend erforscht. Doch es gibt hinreichende Beweise dafür, daß sie von zentraler Bedeutung sind. Es sind der geistliche, der psychische und der physische Bereich.

Der geistliche Bereich. Geistlich betrachtet kann man Sucht in ihrem Kern als eine Art Götzendienst bezeichnen. Wenn ein Mensch von etwas oder von jemandem abhängig ist, dann macht er die Sache oder die Person zum Zentrum seines Lebens, zu dem, wovon er Glück und Erfüllung erwartet. Das Wichtigste in seinem Leben ist dann nicht mehr Gottes Gnade und Liebe, sondern seine Beziehung zu einem andern Menschen, bestimmte Erlebnisse oder unterschiedliche Suchtmittel. So kann für eine Frau ihr alkoholsüchtiger Mann der Mittelpunkt ihres Lebens sein. Alles dreht sich um ihn und um ihre Versuche, ihn von seiner Sucht zu befreien. Von ihm hängen all ihre Hoffnungen und ihr Selbstvertrauen ab.

Eine Frau, die mit einem Misogynen (krankhafter Frauenfeind) verheiratet ist, leitet häufig ihre ganze Identität und ihr Selbstwertgefühl davon ab, daß dieser Mann sie trotz all ihrer schlechten Erfahrungen mit ihm doch mag, sie liebt und gut behandelt. Reagiert er einmal positiv, ist sie glücklich und zufrieden und fühlt sich gut. Behandelt er sie schlecht – was weitaus häufiger geschieht –, ist sie zwar niedergeschlagen und deprimiert. Aber sie käme nie darauf, sich deswegen von ihm zu trennen, denn dieser Mann und ihre Beziehung zu ihm ist für sie der Mittelpunkt ihres Daseins. Wenn ein anderer Mensch für uns derart zum Lebensmittelpunkt wird, dann ist er, zugespitzt gesagt, für uns derjenige, den wir „anbeten". Die Bibel warnt eindringlich davor . Wir sollen keinen anderen anbeten als Gott allein. Doch wer von uns ist da nicht schon schuldig geworden, indem er Geld, Anerkennung, Macht, chemische Substanzen, die Hochgefühl oder Rausch auslösen, sexuelle Befriedigung, die Kinder, die Eltern oder bestimmte theologische

Erkenntnisse zum Zentrum seines Lebens gemacht hat? Wir fallen damit, wie Adam und Eva, naiv auf eine Lüge des Teufels herein, der uns einflüstert, dieses Erlebnis oder jene Person werde uns erst wirklich glücklich machen. So gesehen ist Sucht tatsächlich eine Art von Götzendienst. Denn Glück und wirkliche Lebenserfüllung kommen nicht von dort, sondern letztlich nur von Gott.

Weiter wird von dem geistlichen Gesichtspunkt her deutlich, daß Sucht ihre Ursache im *Schamzustand* hat. Die ersten Menschen, Adam und Eva, kannten zunächst keine Scham. Ihr Selbstgefühl und ihr Selbstwertgefühl waren darin begründet, daß Gott sie nach seinem Bild geschaffen hatte. Doch dann genügte ihnen das nicht mehr. Sie wollten mehr sein, wollten sein wie Gott und übertraten deshalb sein Gebot. Im selben Augenblick fühlten sie sich vor sich selbst und dann auch vor Gott als fehlbar und nackt bloßgestellt. Sie schämten sich. Diese Scham vor sich selbst und vor Gott wurde zur umfassenden Grunderfahrung der Menschen. Wir empfinden Scham – das Gefühl, als schlecht oder minderwertig bloßgestellt zu sein – immer dann, wenn irgend etwas unser Selbstwertgefühl beeinträchtigt. So zum Beispiel, wenn wir erkennen, daß wir Gottes Anforderungen und auch unseren eigenen Idealen nicht gerecht werden. Die Sucht bietet sich dann als Ausweg an, um der Scham zu entrinnen und sich vor sich selbst und vor der Wahrheit verstecken zu können. Diese Seite der Sucht zeigt sich darin, daß süchtiges Verhalten in aller Regel vom Betroffenen selbst und auch von seinen Angehörigen und anderen Menschen in seinem Umfeld geleugnet wird. Sie alle schämen sich und haben Angst davor, bloßgestellt zu werden. Deshalb tun sie alles, um das Suchtverhalten zu bagatellisieren und abzustreiten.

Neben Götzendienst, Stolz und Scham gehört auch Rebellion zur geistlichen Seite einer Sucht. Wer etwas oder jemand anderes als Gott zum Mittelpunkt seines Lebens macht, um den sich alles dreht, rebelliert damit gegen Gott, denn er will das Zentrum unseres Lebens sein. Bei Süchtigen wird dagegen ihre tiefgreifende Abhängigkeit von stimmungsverändernden Substanzen, Erlebnissen oder Menschen zum Mittelpunkt ihres Lebens. Kapitel 6 beschreibt die Zusammenhänge zwischen Rebellion gegen Gott und beziehungsabhängigem Verhalten noch genauer.

Der psychische Bereich. Psychologisch gesehen ist Sucht sehr vielschichtig. Die tiefste Ursache einer Sucht scheint Scham und emotionaler Schmerz zu sein. Letztlich sucht der Süchtige nach einem Gefühl innerer Festigkeit, nach einer Möglichkeit, sich selbst vom Schmerz abzulenken und seine Schamgefühle zu überdecken. Scham ist sowohl ein geistlicher Zustand als auch eine psychische Erfahrung. Die Psychologie (und auch die Bibel) spricht von dem menschlichen Bedürfnis zuzudecken, zu verbergen, zu leugnen, zu verheimlichen, Masken zu tragen und Fassaden aufzurichten.

Scham liegt im Zentrum der Sucht und hat Auswirkungen nach innen und nach außen (siehe Schautafel 6). Nach außen zeigt sich zwanghaftes Verhalten, nach innen der Versuch, die Kontrolle zu behalten. Beides wird angetrieben von Schamgefühlen. Wenn die Folgen des Suchtverhaltens nach außen hin zu beschämend werden, wechselt der Süchtige die Richtung und versucht, sein Verhalten zu kontrollieren.

Weil der Süchtige sich seiner selbst im Innersten nicht sicher ist, versucht er, anderweitig Sicherheit und Selbstwertgefühl zu erlangen. Andere Menschen, Anerkennung durch bedeutende Personen, durch Arbeit, Geld, Macht, Drogen, sexuelle Erlebnisse, Fürsorge, Essen, Abnehmen, Sport und vieles andere soll helfen, das Selbstbewußtsein zu stärken. Wenn sie ihrem Chef gefällt, wenn er seine Traumfrau heiratet, wenn sie abnimmt, wenn er seinen Doktor gemacht hat ..., dann wird sie bzw. er „sich gut fühlen". Sogar Religiosität kann zur Sucht werden, nämlich dann, wenn sich jemand nur dann wohlfühlt und für wertvoll hält, wenn er in der Gemeindearbeit aktiv ist oder ekstatische Erlebnisse hat. Die Suche nach sich selbst und nach Lebenssinn ist die Ursache dafür, daß manche Kulte und mystische Religionen so viel Zulauf finden. Ihre Anhänger werden süchtig nach ihrem Guru, nach der Ekstase, nach dem Gefühl, auserwählt zu sein.

Psychologisch gesehen ist Suchtverhalten also die Suche nach einem positiven Selbstgefühl. Sie hat ihre Ursache in dem Bedürfnis, sich vor sich selbst zu verstecken, Unzulänglichkeiten zu überdecken und sich selbst von Schmerz und von seelischen Erschütterungen abzulenken.

Schautafel 6:
Kreislauf der Scham

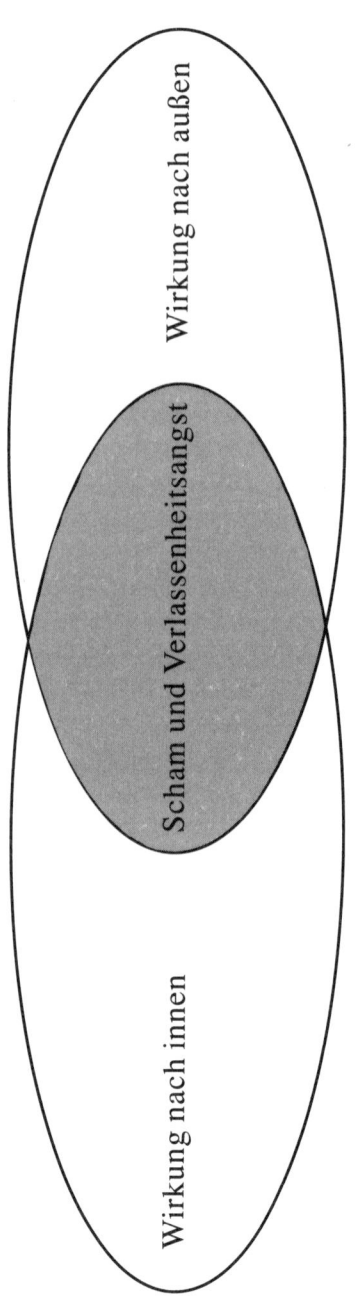

Wirkung nach außen

Scham und Verlassenheitsangst

Wirkung nach innen

Suchtverhalten nach innen

Starke Kontrollorientierung. Der Betreffende fühlt den Zwang, kämpft aber gegen die Abhängigkeit. Große Angst, sich hängenzulassen. Muß immer auf der Hut sein. Schämt sich seiner Zwanghaftigkeit. Schwört, nie wieder der Sucht nachzugeben. Versucht, jeden Impuls süchtigen Verhaltens zu unterdrücken.

Scham

Ein Grundgefühl, wertlos, unwürdig, nicht gut, hoffnugslos, nicht liebenswert zu sein. Geringes Selbstwertgefühl.

Verlassenheitsangst

Der Betreffende empfindet sich als Versager, weil er eigenen Idealen oder denen anderer Leute nicht gerecht wird.

Suchtverhalten nach außen

Zwänge wie
Abmagerungskuren
Arbeitswut
Geistige Rituale
Selbstgerechtigkeit
Perfektionismus
Abhängigkeit
Eßstörungen
Leistungssucht
Alkohol- / Drogensucht
Sexualsucht
Geld- / Spielsucht
Sucht nach Chaos
Emotionale Hochstimmungen
Physischer Mißbrauch
Sexuelle Mißhandlung
Ekstatische Religiosität
Selbstverstümmelung
Beziehungssucht
Übersteigerte Fürsorge

Der physische Bereich. Wissenschaftliche Forschungen haben ergeben, daß unser Körper Chemikalien produzieren kann, die Schmerz oder Freude hervorrufen. Dieses natürliche Chemielabor in unserem Körper könnte bei einer Reihe von Suchtverhaltensweisen beteiligt sein. Unser Körper kann ja bekanntlich von bestimmten chemischen Substanzen abhängig werden. Dabei spielt es keine Rolle, ob diese Substanzen von außen zugeführt oder vom Körper selbst produziert werden.

Archibald Hart, Psychologieprofessor am Fuller Seminar in den USA, schreibt dazu in der Zeitschrift *Christianity Today*:

„Bislang hat man psychologische und soziologische Faktoren für die Hauptauslöser einer Sucht gehalten. Wir dürfen aber die chemischen Prozesse im Körper nicht außer acht lassen. Der Ausstoß von Adrenalin in ‚Notsituationen‘ und seine aufputschende Wirkung ist schon länger bekannt. Die neuere Entdeckung, daß das Gehirn ein eigenes opiat-ähnliches Endorphin produziert, das beruhigend und schmerzlindernd wirkt, läßt darauf schließen, daß bestimmte Verhaltensweisen wegen ihrer Wirkung im Befinden ‚süchtigmachend‘ sein können."

Die Annahme, daß es zwischen Sucht und Zwangsverhalten ein physisches Bindeglied gibt, wird ebenfalls immer mehr erhärtet. Obwohl auf diesem Gebiet noch eine Reihe Forschungsergebnisse abgewartet werden müssen, ist doch jetzt schon klar, daß bei bestimmten Süchten und Zwängen auch physische Anteile mitwirken. So kann zum Beispiel eine Anfälligkeit für Alkoholismus durch eine bestimmte genetische Veranlagung begünstigt werden. Manche Wissenschaftler sehen inzwischen auch Zusammenhänge zwischen bestimmten Eßstörungen und Familienalkoholismus. Auch Zwangsneurosen haben eindeutig physische, biochemische Anteile. Einige Forscher nehmen an, daß manche Süchtige zusätzlich an Zwangsstörungen leiden, die ihr ohnehin schon zwanghaftes Verhaltensmuster noch weiter verstärken. Wenn das stimmt, ließe sich auch erklären, warum bei manchen Alkoholikern und manchen auf sexuellem Gebiet Süchtigen erst dann Besserung eintritt, wenn sie bestimmte Medikamente (wie etwa Lithium) im Rahmen der normalen Suchtbehandlung bekommen. Manche Forscher gehen sogar so weit, daß sie behaupten, Alkoholismus sei in

Wirklichkeit eine Unterform einer manisch-depressiven Erkrankung aufgrund einer biochemischen Störung im Gehirn.

Verantwortlichkeit

Der Sicht, daß Suchtverhalten unter anderem physische Ursachen haben kann, stehen viele Christen skeptisch gegenüber. Sie meinen, daß dann ja ein Betroffener für sein Verhalten nicht mehr verantwortlich gemacht werden könne. Ursache einer Sucht – so meint man weithin – sei lediglich mangelnde Willenskraft beziehungsweise Charakterschwäche. Die meisten Wissenschaftler dagegen vertreten die Auffassung, daß jemand durch sein Umfeld Opfer eines Krankheitsprozesses wird. Tatsache ist, daß beide Sichtweisen berücksichtigt werden müssen.

Eine scharfe Trennungslinie zwischen „Opfer" und „Handelndem" zu ziehen, ist ohnehin schwierig und meist unnötig. Am Beispiel der Alkoholsüchtigen zeigt sich das eindrücklich. Alkoholsüchtige sind *immer* Opfer und *immer* Handelnde. Obwohl sie einerseits Opfer ihrer Sucht sind, sind sie doch auch immer verantwortlich für das Fortschreiten des Suchtprozesses, für die Folgen ihres Verhaltens und schließlich auch für ihre Entscheidung, ob sie sich in eine Behandlung begeben oder nicht. Umgekehrt sind sie zwar Handelnde und deshalb verantwortlich für ihren Alkoholmißbrauch und die sich daraus ergebenden Tragödien. Doch gleichzeitig sind sie auch Opfer physischer Gegebenheiten, die sie in Kontrollverlust und physische Abhängigkeit vom Alkohol hineingezogen haben.

Viele Christen neigen dazu, auch bei einer Sucht die Bedeutung der persönlichen Entscheidung zu betonen. Das ist zwar berechtigt, weil jeder Mensch persönlich vor Gott verantwortlich ist für sein Handeln. Doch leider übersehen viele, daß die Ursache einer Sünde nicht unbedingt eine persönliche Entscheidung sein muß. Gebundenheiten und Verstrickungen, auf die wir keinen Einfluß haben, können mit dazu beitragen. Beispielsweise unterschätzen wir weithin den gesellschaftlichen Druck der Sünde.

Es ist unbestritten, daß schuldhaftes Verhalten mit einer persönlichen Entscheidung beginnt, aber diese Entscheidungen werden beeinflußt durch bestimmte gesellschaftliche Anreize. Wir sind umgeben von der Verlockung zum Materialismus, zu Untreue oder zum Mißbrauch schädlicher Substanzen wie etwa Alkohol. Deshalb hängt unser Verhalten nicht allein von unserem eigenen Willen ab. Welchen Einfluß äußere Umstände auf unsere Entscheidungen haben, bleibt oft im Dunkeln.

Wir müssen uns also davor hüten, ein so umfassendes Problem wie die Sucht allzusehr zu vereinfachen, indem wir sie lediglich auf Willensschwäche oder Charakterfehler zurückführen. Zudem ist es eigentlich gar nicht so entscheidend, aus welchen Gründen jemand abhängig geworden ist, sondern ob er etwas dagegen tun will und was er dann tut.

Wenn man nach der Verantwortung eines Süchtigen für seine Sucht fragt, ist es wichtig, im Blick zu behalten, daß aus biblischer Sicht Rebellion, Schuld, Scham und Gebundenheit zur Sünde dazugehören. Viele Christen neigen dazu, Rebellion, Schuld und Scham zu betonen, die Gebundenheit aber zu ignorieren. Gebundenheit bedeutet, sündigem Verhalten hingegeben zu sein, gegen den eigenen Willen und über die eigene Entscheidungskraft hinaus versklavt zu sein. Ursache der Sünde ist nicht nur Rebellion (den eigenen Willen durchdrücken), Schuld (Bruch ethischer oder gesetzlicher Ordnungen) und Scham (Minderwertigkeitsgefühle), sondern auch Gebundenheit (die Unfähigkeit, sich zu helfen, sich selbst aus der Verstrickung zu lösen). Sucht ist ein Musterbeispiel für diese vier Seiten der Sünde, die in unser Wesen eingeprägt sind und sich in den täglichen Erfahrungen zeigen. In jeder Suchtgeschichte, der ich in meiner klinischen Praxis begegnet bin, hat es das alles gegeben: Rebellion, Schuld, Scham und Gebundenheit.

Sucht – eine Krankheit

Viele Christen lehnen es ab, Sucht als Krankheit zu bezeichnen. Dagegen scheint manchen professionellen Suchtberatern die Vokabel Krankheit allzuleicht über die Lippen zu gehen. Aber was ist Krankheit? Wir sind weithin daran gewöhnt, Krankheit als einen rein physisch verursachten Ablauf zu sehen. Wir sehen außerdem genetische Zusammenhänge und sagen beispielsweise: „Da liegen Herzleiden in der Familie." Trotzdem zeigen sich auch bei Krankheiten wie Herzleiden, Krebs usw., die wir traditionell auf rein physische Ursachen zurückführen, auch psychische und geistliche Seiten. Krebsopfer haben oft die Neigung, nachtragend und übelnehmerisch zu sein. Menschen mit Herzattacken sind oft ungewöhnlich feindselig und zynisch. Niemand stellt in Frage, daß sie wirklich krank sind. Doch sind sie nicht auch verantwortlich für ihren Lebensstil, der mit dazu beigetragen hat, daß sie überhaupt krank geworden sind?

Ob man Sucht nun als Krankheit oder als Störung bezeichnet (diesen Ausdruck ziehe ich dem Wort Krankheit vor), immer sind physische, psychische und geistliche Bereiche erfaßt.

Alles, was anstelle von Gott zum Zentrum des Lebens wird, worum sich alles dreht – seien es Drogen, Alkohol, Gemeindearbeit, Geld, Arbeit, Essen, Beziehungen –, alles kann süchtig machen. Und wenn der Suchtprozeß einmal in Gang gesetzt ist, wird es sehr schwierig, aus ihm herauszukommen, selbst wenn wir wissen, daß es notwendig wäre.

Viel Energie, die nötig wäre, um mit der Sucht und dem dazugehörigen Chaos fertig zu werden, wird dadurch verschwendet, daß der Süchtige zu beweisen versucht, daß seine Abhängigkeit ausschließlich auf eine Ursache zurückzuführen ist. Wer anerkennt, daß der Suchtprozeß viele Bereiche der Persönlichkeit betrifft, kann Energie und Kraft jedoch viel wirksamer einsetzen. Es ist wichtig, im Blick zu behalten, daß nicht einem Faktor allein zu viel Bedeutung beigemessen wird. Viele Christen neigen dazu, einem Süchtigen seine Verantwortung und seine Schuld vorzuhalten, statt ihn dabei zu unterstützen, seine Probleme zu überwinden. Wer sagt: „Du bist selber schuld" und damit einseitig den geistlichen Bereich herausstellt, meint, damit frei zu sein von der Verantwortung, zu helfen oder den Heilungsprozeß zu unterstützen. Professionelle Berater dagegen haben oft die Tendenz, alle Störungen ausschließlich auf physische Ursachen zurückzuführen. Manche gehen sogar so weit, die geistlichen oder psychologischen Seiten als bedeutungslos anzusehen. Glücklicherweise vertreten nicht alle

Christen und auch nicht alle Wissenschaftler solche „Alles-oder-Nichts"-Theorien. Das Problem Sucht ist vielschichtig, und jede Seite ist wichtig.

In der folgenden Fallstudie wird deutlich, wie Beziehungsabhängigkeit erlebt werden kann. Sie veranschaulicht den Einfluß frühkindlicher Erlebnisse auf den Suchtcharakter der Störung.

Anne

Anne ist fünfunddreißig Jahre alt, verheiratet und hat ein Kind. Sie hat einen Universitätsabschluß mit zwei naturwissenschaftlichen Diplomen. Ihre Eltern sind schon über siebzig Jahre alt. Ihr Vater ist wegen seines Alkoholmißbrauchs schwer herzkrank, er wird voraussichtlich nicht mehr lange leben. Anne hat noch zwei Geschwister, aber sie alle drei wagen es nicht, über den Alkoholismus des Vaters zu sprechen. Als Anne Anfang zwanzig war, hat sie versucht, mit Drogen, Alkohol und Sex ihren inneren Schmerz zu betäuben. Sie beschreibt ihre Geschichte so:

„Wenn jemand beziehungsabhängig ist, wurde in seiner Vergangenheit ein wichtiges Bedürfnis nicht gestillt. Bis man begreift, was mit einem los ist, versucht man in jedem wachen Moment, die Verletzung zu betäuben und mit irgendetwas den Schmerz zu unterdrücken, der in einem bohrt. Was Beziehungsabhängigkeit zur Sucht macht, ist die Hoffnung, daß dieses innere Bedürfnis eines Tages gestillt wird. Tief im Innersten muß man wohl ahnen, daß das Leben so nicht gemeint ist, und daß es deshalb auch eine Lösung geben muß.

Bestimmte Mutter- und Vatertypen scheinen dieses Bedürfnis befriedigen und die schmerzende innere Leere ausfüllen zu können. ,Wenn dieser Mann oder diese Frau mich richtig liebte, dann könnte ich innerlich heil werden', glaubt man. Diese Sehnsucht nach emotionaler Bindung führt zur Abhängigkeit von Menschen. Es ergeht uns ähnlich wie einem kleinen Hund, dem man einen langen Stock mit einer am Ende baumelnden Wurst auf dem Rücken festgebunden hat. Er will die Wurst schnappen und versucht, hinterherzulaufen. Aber wie er sich auch anstrengt, er kriegt sie nicht.

Ähnlich mühen wir uns ab, weil wir immer wieder hoffen, daß es eine Lösung für uns gibt. Immer wenden wir uns dem Menschen zu, der für uns die Erfüllung unserer Bedürfnisse verkörpert.

Weil aber kein Mensch unsere Verletzung heilen, unsere ungestillten Bedürfnisse aus der Vergangenheit befriedigen und die Leere in uns wirklich ausfüllen kann, sind diese Beziehungen von Anfang an zum Scheitern verurteilt. Früher oder später erkennen wir: ‚Nein, es war doch nicht der Richtige. Ich muß mich geirrt haben.' Manchmal ist es auch der andere, der Mensch unserer Träume, der uns fallenläßt oder zurückweist. Dann sind wir oft Jahre damit beschäftigt, uns selbst die Schuld dafür zu geben. Wir seien eben so mangelhaft und unzulänglich, daß uns niemand wirklich lieben könne, meinen wir. Vielleicht erfahren wir dann eines Tages von jemand anderem (oder auch von neuem von jenem Menschen, der sich von uns abgewandt hatte) liebevolle Zuwendung. Unbelehrbar, wie wir sind, erhoffen wir dann wiederum die Lösung unserer Probleme von jenem Menschen. Und schon stecken wir wieder in dem alten Teufelskreis.

Wenn mir schon in früheren Jahren bewußt geworden wäre, daß niemand und nichts den Schmerz in mir heilen kann, hätte ich höchstwahrscheinlich Selbstmord begangen. (Ich war ohnehin oft nahe daran.) Es war die Hoffnung, die mich am Leben gehalten hat: die Hoffnung, daß es eine Lösung gäbe und daß Schmerz und Einsamkeit nicht die eigentliche Bestimmung für mein Leben sein könnten. Wieder und wieder hielt ich Ausschau nach jemandem oder nach etwas, durch den oder das die klaffende Wunde in mir heilen würde. Ich wußte nicht einmal, warum das alles so schrecklich schmerzte – ich spürte nur, daß der Schmerz so furchtbar war, daß ich am liebsten gestorben wäre.

Ich machte viele Versuche, meinen Schmerz zu unterdrücken. Zuallererst probierte ich es mit Essen, wobei mir allerdings nicht bewußt war, daß mein Eßbedürfnis etwas mit meiner Sehnsucht nach Liebe und Zuwendung zu tun hatte. Ich empfand es lediglich als ein normales, von meinem Körper ausgelöstes Bedürfnis, und so aß ich und aß und rutschte dadurch immer tiefer in den Teufelskreis meiner Beziehungsabhängigkeit, denn ich wurde schon als Kind so unheimlich dick, daß sich meine Familie für mich schämte. Immer wieder hielten sie mir das vor. Meine Schulkameraden rissen Witze über mich und ärgerten mich, wo sie konnten. Das alles tat furchtbar weh. Eines Tages schrie meine Mutter mich an: ,Das ist alles deine eigene Schuld. Wenn du nicht so verdammt fett wärst, würde das alles nicht passieren!' Da dachte ich, endlich den Grund dafür zu kennen, warum mir alles so weh tat. Wenn ich schlank wäre, würde ich auch beliebt sein. Aber das Essen war nun mal mein Mittel, um in meinem Alkoholikerelternhaus zu überleben. Ich konnte es einfach nicht aufgeben. So kam ich nicht heraus aus meiner Verliererposition. Schließlich bekam ich die Eß-Brechsucht. Und solange ich mit Essen und mit meinem Gewicht beschäftigt war, brauchte ich mich nicht mit meinen Beziehungsproblemen und mit meinem Schmerz zu beschäftigen.

Menschen bedeuteten für mich Schmerzen – so war es einfach. Ich zog mich von meiner Familie und auch von fast allen anderen Menschen zurück. Ich dachte, ich könne allein fertig werden und meine Gefühle einfach abschalten. Zu Pflanzen hatte ich eine bessere Beziehung als zu Menschen. Pflanzen konnten mich wenigstens nicht verletzen. Bäume waren für mich meine besten Freunde. Wissenschaftliche Arbeit wurde für mich zur Besessenheit und eine weitere Möglichkeit, dem Schmerz zu entkommen. Ich war überzeugt, daß ich ein intellektueller Fels ohne jegliche Gefühle werden könne.

Schließlich brach dieses ganze System zusammen. Ich mußte mir am Ende eingestehen, daß ich doch Gefühle hatte und auch andere Menschen brauchte. Doch diese Erkenntnis allein löste nicht meine Probleme. Was ich brauchte, war Heilung. Jedesmal, wenn ich versuchte, mich jemandem gegenüber zu öffnen, wurde der Schmerz so schlimm, daß ich wieder auf Abstand gehen mußte. Und wenn ich das nicht von mir aus tat, machten es die anderen, denn mein Bedürfnis nach Zuwendung war so groß, daß ich sie damit erdrückte. Wenn ich jemandem begegnete, der imstande zu sein schien, mein Bedürfnis nach Liebe zu befriedigen, suchte ich in ihm eine unumschränkt liebende Mutter und einen sich aufopfernden Vater – Menschen also, die mir das geben sollten, was ich bis dahin nie bekommen hatte.

Eine Zeitlang dachte ich, wenn ich so lange wie möglich bei meinen Eltern bliebe, könne ich doch noch die Zuwendung bekommen, die mir immer gefehlt hatte, und so könne vielleicht wenigstens ein Teil der Leere in mir ausgefüllt werden. Erst mit neunundzwanzig Jahren zog ich endgültig zu Hause aus. Aber jedesmal, wenn ich meine Eltern dann besuchte, weinte ich auf dem ganzen Heimweg, denn ich wollte eigentlich gar nicht von ihnen weggehen. Und dabei wußte ich doch ganz genau, daß sie nicht die Lösung meiner Probleme bringen konnten. Die wirkliche Heilung mußte auf andere Weise geschehen. Ich konnte nicht in die alten Verhaltensmuster zurück.

Es war schwer für mich, aus meiner Beziehungsabhängigkeit herauszukommen. Der Prozeß der Heilung und der Veränderung war sehr schmerzhaft, allerdings auch nicht schmerzhafter als das Leben in der Beziehungsabhängigkeit. Zeitweise habe ich noch heute Anwandlungen meines alten Verhaltens, wenn ich einem liebevollen Mutter- oder Vatertyp begegne. Aber meistens bin ich jetzt frei von meiner Bindung an die Beziehunhgsabhängigkeit. Es hat sich gelohnt, den Schmerz durchzustehen."

Soweit Annes Bericht. Als Anne Ende zwanzig war, nahm sie Christus in ihr Leben auf. Sie begab sich in Therapie und hat in den vergangenen Jahren Schritt für Schritt echte Heilung erfahren. Sie führt eine gute Ehe und hat ein kleines Baby. Die Entscheidung, Christ zu werden, war ihr erster Schritt auf dem Weg zur Heilung. Danach war es für sie entscheidend wichtig, einen christlichen Therapeuten zu finden. Durch Therapie, Gebet um innere Heilung und durch ihre zähe Ausdauer konnte sie schließlich die krankhafte Bindung an ihre Familie und ihre beziehungsabhängigen Verhaltensmuster loslassen. Zur Zeit stellt sie sich ein auf den unmittelbar bevorstehenden Tod ihres Vaters. Durch die Therapie, die sie hinter sich hat, ist dieser Prozeß für sie jetzt weitaus weniger bedrückend, als er sonst gewesen wäre. Im Verlauf der Therapie wurde ihr bewußt, daß sie als kleines Kind über Jahre von ihren Geschwistern sexuell mißbraucht worden war. Sie begann zu begreifen, warum sie immer wieder ohne greifbare Ursache so furchtbaren Schmerz empfand. Gott hat in der Therapie durch das Gebet um innere Heilung wunderbar an ihr gewirkt. Wenn man ihre früheren schlechten Erfahrungen mit Therapien bedenkt – sie ist von zwei verschiedenen Therapeuten, einem männlichen und einem weiblichen, belästigt worden –, dann ist es erstaunlich, daß sie den Mut hatte, sich auf die Suche nach einem christlichen Therapeuten zu machen. Sie hatte ihre Hoffnung auf ein besseres Leben nie aufgegeben, und nun hat sie so tiefen Frieden gefunden, wie sie es vorher nie für möglich gehalten hätte.

Laura

Ein weiteres Fallbeispiel soll nun veranschaulichen, wie sich Beziehungsabhängigkeit auswirkt.

Laura ist eine hübsche Frau Anfang fünfzig. Sie ist groß, hat wunderschönes Haar, eine tadellose Figur – sie ist Mannequin – und ein charmantes Wesen. Überall ist sie beliebt, die Sympathien der Männer fliegen ihr zu. Sie trifft sich mit Millionären und wird zu mehr Partys und Festlichkeiten eingeladen, als es ihre Zeit erlaubt. Laura war Anfang dreißig, als sie Sam heiratete. Die beiden konnten zwar keine Kinder bekommen, führten aber allem Anschein nach eine gute Ehe. Da entdeckte Laura vor einigen Jahren, daß Sam eine Affäre mit einer anderen Frau hatte. Als sie ihn zur Rede stellte, schwor er, daß die Sache längst vorbei sei. Er fing an, sich intensiv seiner Frau zu widmen, renovierte das Haus vom Keller bis zum Boden, und auch die sexuelle Gemeinschaft wurde wieder neu. Laura fühlte sich wie im siebten Himmel und war sich der Liebe ihres Mannes absolut sicher – bis herauskam, daß Sam die andere Beziehung überhaupt nicht abgebrochen hatte! Laura war am Boden zerstört. Sie reichte die Scheidung ein. Als sie zu mir in die Beratung kam, war für sie ein Leben ohne Sam unvorstellbar. Sie wollte ihn zurückerobern, obwohl er sehr wahrscheinlich sexsüchtig war und überhaupt nicht daran dachte, zu ihr zurückzukehren. Bald nach der Scheidung ging Laura regelmäßig anderweitige Verabredungen ein, weil sie es zu Hause einfach nicht allein aushielt. Sie sagte von sich, daß sie Angst vor der Einsamkeit habe und sicher schwere Angstzustände bekomme, wenn sie zu Hause bliebe und wenn es keinen Mann mehr in ihrem Leben gäbe. Sie hat inzwischen begonnen, sich auf die Suche nach geistlichen Werten zu machen und Gott näherzukommen. Was ihre Beziehungsabhängigkeit für sie bedeutet, beschreibt sie so:

„Es war schockierend und niederschmetternd für mich, als ich entdeckte, daß mein Mann vor etwa drei Jahren eine Affäre mit einer anderen Frau hatte. Noch viel schlimmer aber war, als er mich anderthalb Jahre später ganz verließ. Als ich hinter seine Affäre kam, führten wir stundenlange Gespräche, und es flossen viele Tränen. Schließlich überwand ich mich, ihm zu vergeben. Ich wollte neu mit ihm anfangen und eine wirklich glückliche Ehe mit ihm zusammen gestalten. Er versprach, die andere nie wieder zu sehen oder zu sprechen und mit einer Eheberatung zu beginnen.

Damit begann für mich – und wie ich glaube, auch für ihn – ein achtzehn Monate langer Kampf. Wir versuchten es mit vier verschiedenen Eheberatern. An jedem fand mein Mann etwas auszusetzen. Er weigerte sich, weiter zu dem einen Therapeuten zu gehen, war aber bereit, mit einem anderen zu sprechen. In dieser Zeit setzte ich alle Energie daran, unsere Ehe zu erneuern, und Sam gab vor, dasselbe zu tun. Wir schenkten einander Blumen, schrieben uns Liebesbriefe, wenn er auswärts zu tun hatte, machten Wochenendausflüge und dergleichen mehr. Trotzdem spürte ich die ganze Zeit, daß irgendetwas nicht stimmte. Doch wenn ich das Sam gegenüber aussprach, sagte er nur, es hinge mit seinem Beruf zusammen. Er war im Management einer großen Firma, die in den zurückliegenden vier Jahren mit großen Finanzproblemen gekämpft und viele Beschäftigte entlassen hatte. Nach einem Jahr und zwei Monaten, in denen ich – nach seinen Worten – ‚an unserer Ehe gearbeitet und sie immer besser gemacht habe‘, entdeckte ich, daß es ‚die andere‘ immer noch gab, und daß Sam sie niemals aufgegeben hatte. Sie lebte weit entfernt, und er hatte sie, wie er sagte, zwar nur drei- oder viermal in dieser Zeit gesehen, aber sie hatten jeden Tag miteinander telefoniert. Nun hätte ich endlich klarsehen müssen, aber ich konnte es noch immer nicht. Wieder entschlossen wir uns, einen neuen Eheberater aufzusuchen und einen letzten Versuch zu unternehmen, unsere Ehe zu retten, oder besser gesagt, ich wollte es versuchen. Heute weiß ich, daß ihm gar nichts daran lag, unsere Ehe zu retten. Ihm ging es nur darum, seinen guten Ruf zu bewahren und seinen Job zu retten. Aber dann wurde er nach achtzehn Jahren Betriebszugehörigkeit doch von seiner Firma entlassen. Ich glaube, es war lediglich seine Arbeitsstelle, woran er sich geklammert hatte. Er war arbeitssüchtig, und sein Beruf und sein finanzieller Erfolg bedeuteten alles für ihn.

Als er mich schließlich doch verlassen hatte, saß ich drei Wochen lang nur da und weinte. Ich hatte das Gefühl, mein Leben sei vorbei. Aber am Ende sagte ich mir, daß ich mir von diesen zwei Menschen nicht mein Leben zerstören lassen wollte. Ein ganzes Wochenende lang dachte ich über meine Vergangenheit nach, und dann machte ich einen neuen Anlauf, mein Leben zu meistern.

Im folgenden Jahr war ich ständig auf Achse. Ich dachte, daß ich nie wieder mit einem Mann ausgehen würde. Ich fühlte mich unattraktiv und dumm – warum hätte mich denn sonst mein Mann verlassen? Immer wieder sagten mir meine Freundinnen, ich solle mal in den Spiegel schauen. Ich sei genau das Gegenteil von dem, was ich meinte. Ich war ganz überrascht, als mich zum ersten Mal wieder ein Mann fragte, ob wir uns nicht treffen könnten. Von da an ging ich mit vielen Männern aus und wies auch viele ab. Eins hatte ich mir jedenfalls bewiesen: Ich war attraktiv für das andere Geschlecht. Aber ich war immer noch sehr unglücklich und konnte den Gedanken nicht ertragen, allein zu sein. Ich haßte das schreckliche Gefühl, allein zu Hause zu sein und zu keinem Mann zu gehören.

Nach dem ersten Jahr meines Alleinseins hatte ich noch immer niemanden gefunden, mit dem ich mein Leben hätte teilen mögen. So entschloß ich mich zur Therapie bei Frau Dr. Rinck. In diesem Jahr las ich eine Menge Selbsthilfebücher, und in manchen Lebensgeschichten fand ich mich wieder, besonders da, wo es um Frauen ging, die zu sehr lieben und die beziehungsabhängig sind. Dr. Rinck riet mir, alle Männer aufzugeben und sechs Monate lang keine Verabredungen mehr zu treffen. Ich konnte mir nicht vorstellen, wie ich das sechs Tage, geschweige sechs Monate lang aushalten sollte. Dr. Rinck sagte mir, sie habe den Eindruck, daß ich süchtig sei nach Liebe und nach Männern (nicht nach Sex). Ich suche mir immer Männer aus, die Probleme haben oder emotional krank seien, unerreichbar, arbeitssüchtig oder an den Alkohol gebunden – alles Menschen, die umsorgt, verändert, gestützt oder aufgebaut werden müssen. Auf manchen Gebieten meines Lebens bin ich stark, aber auf anderen sehr schwach, besonders wenn es um die Beziehung zu einem bestimmten Mann geht. Außerdem habe ich Probleme damit, meiner Familie, guten Freunden, Nachbarn und anderen Menschen gegenüber einmal nein zu sagen.

Ich konnte mir einfach nicht vorstellen, wie ich sechs Monate lang ohne eine Verabredung aushalten sollte, wagte aber einen Versuch. Drei Wochen hielt ich durch, und dann fing ich wieder an, mich mit einem Freund zu treffen, mit dem ich in den zurückliegenden sechs Monaten hin und wieder tanzen gegangen war. Ich meinte, daß ich zu ihm eine kameradschaftliche Beziehung haben könne, aber es dauerte nicht lange, bis aus der Kameradschaft eine Romanze wurde. Eigentlich wußte ich von Anfang an, daß das niemals gutgehen konnte und daß ich von diesem Mann nicht das bekommen konnte, was ich von einer glücklichen Ehe erwartete. Doch wegen meiner Sucht nach Liebe und wegen meiner Beziehungsabhängigkeit blieb ich an ihn gebunden. Ich stehe jetzt in dem Prozeß, mich aus dieser Beziehung herauszulösen, aber es ist ein wirklicher Kampf, weil ich panische Angst davor habe, allein zu sein und mich meinen Gefühlen zu stellen.

Heute weiß ich, daß Frau Dr. Rinck recht hatte. Ich hatte auf meine Weise versucht, meine Probleme zu bewältigen, aber es hat nicht geklappt. Schließlich sah ich ein, daß ich eine Zeitlang allein leben mußte, um an mir zu arbeiten und mich selbst annehmen zu lernen. Erst wenn ich gesund genug bin, kann ich einen Mann wählen, der auch gesund und zuverlässig ist. Ich muß mich meinen Gefühlen stellen, an ihnen arbeiten und sie loslassen. Ich muß lernen, im Heute zu leben, statt abwechselnd in der Vergangenheit oder in der Zukunft. Ich muß den Kreislauf meiner Beziehungsabhängigkeit durchbrechen, indem ich allein lebe und Schritt für Schritt erkenne, wer ich bin und was ich möchte. Dabei will ich nicht länger zulassen, daß irgend jemand anders mich kontrolliert, sondern will selbst die Kontrolle über mein Leben übernehmen, und ich will mir auch bewußt machen, daß ich andere Menschen auch nicht kontrollieren kann."

Kapitel 6
Beziehungsabhängigkeit – ein Teufelskreis

Beziehungsabhängige Verhaltensmuster sind deshalb so schwer zu durchbrechen, weil eine beziehungsabhängige Reaktion immer die nächste nach sich zieht – ein Teufelskreis.

Beziehungsabhängiges Verhalten ist ein erlerntes Verhalten. Es äußert sich vor allem in folgenden vier Verhaltensweisen:

- Irrige Überzeugungen und widersinnige emotionale Reaktionen
- Übertragung verkehrter Verhaltensmuster aus der Vergangenheit in die Gegenwart
- Geistlicher Ungehorsam
- Manipulation

Eine Beziehungsabhängigkeit zeigt sich meistens auf sehr unterschiedliche Art. Jedoch überwiegen stets die oben aufgeführten vier Verhaltensweisen.

Irrige Überzeugungen und widersinnige emotionale Reaktionen

Jeder hat eine Reihe irrationaler Überzeugungen, die er sich als Kind angeeignet hat. Ich habe festgestellt, daß sich bei beziehungsabhängigen Menschen überraschende Übereinstimmungen bei bestimmten irrigen Überzeugungen zeigen. Die Patienten, mit denen ich gearbeitet habe, haben z. B. erstaunlich ähnliche Ansichten über zwischenmenschliche Beziehungen. Auf einige von diesen Fehleinstellungen möchte ich eingehen.

1. „Wenn ich mich auf jemand einlasse, mit jemandem übereinstimme oder tue, was andere wollen, verliere ich meine Identität. Ich bin dann keine eigenständige Person mehr." Beziehungsabhängige haben das durch viele Erfahrungen gelernt. Wenn sich in einer gestörten Familie jemand eng an ein anderes Familienmitglied anschließt, verliert er dabei oft seine eigene

Identität. Der eine ist dann so mit dem anderen verstrickt, daß sich die Grenzen zwischen ihnen verwischen. Das kann so weit führen, daß man sein eigenes Wesen und die eigenen Bedürfnisse von denen des anderen nicht mehr trennen kann. Grenzen sind aber nötig, damit die physischen und emotionalen Sicherheitszonen, die jeder Mensch braucht, gewahrt bleiben.

Ein einfaches Beispiel dafür: Wenn Ihnen jemand beim Gespräch zu nahe rückt, fühlen Sie sich wahrscheinlich unbehaglich. Der andere ist in Ihren Schutzraum eingedrungen, er hat Ihre physischen Grenzen verletzt. Bei Nordeuropäern liegt dieser physische Schutzabstand bei zwanglosen Unterhaltungen bei fünfzig Zentimeter, während Südländer sehr viel mehr Nähe zulassen. Dieses einfache Beispiel zeigt, daß die physische Grenzen etwas Erlerntes sind, das von Kultur zu Kultur oder auch von Familie zu Familie unterschiedlich sein kann.

Jeder Mensch braucht physische und emotionale Grenzen. Aber nicht jeder hat gelernt, wie er seinen Schutzraum wahren kann. Wer Zudringlichkeiten von Familienangehörigen erlebt hat (wie unter „Grenzverletzungen" in Kapitel 4 besprochen), kann entweder daraus folgern, daß er kein Recht auf Persönlichkeitsgrenzen hat, oder daß er gewaltige Grenzfestungen braucht, um sich vor anderen zu schützen. Wer die Erfahrung gemacht hat, daß er solche Festungen braucht, hat es schwer, Nähe zuzulassen. Er fürchtet, daß auch von ihm selbst nichts mehr übrig bleibt, wenn seine Grenzmauern fallen. Manche sind als Kinder so beherrscht und kontrolliert worden, daß sie sich heute entweder allem und jedem ohne Einschränkung fügen, oder als anderes Extrem ständig widersprechen und sich allem widersetzen.

Wer sich immer fügt, hat nie erfahren, daß es völlig normal ist, auch einmal anderer Meinung zu sein. Eltern und andere Autoritätspersonen erschienen ihm so übermächtig und allwissend – wie hätte er da in Widerspruch zu ihnen stehen können? Besonders tiefgreifend wird diese Fehlentwicklung, wenn die Eltern dann auch noch behauptet haben, daß Gott auf ihrer Seite sei. So sind bei vielen Kindern Grenzen gefallen (oder nie errichtet worden). Es blieb ihnen nichts anderes übrig, als die Ansichten und Wertvorstellungen ihrer Eltern zu übernehmen. Und wenn sie schließlich fünfundzwanzig oder dreißig Jahre alt geworden sind, kommen sie in schwere Glaubenskrisen. Sie tun und sagen stets „das Richtige", aber sie fühlen sich innerlich leer.

Wer ins andere Extrem verfällt und sich allem widersetzt, hat Angst, seine Identität zu verlieren, wenn er auf die Wünsche und Bedürfnisse anderer eingeht. Diese Angst entsteht, wenn Kinder beherrscht werden und wenn man ihnen immer wieder zu verstehen gibt, daß ihre Meinungen, Bedürfnisse, Wünsche oder Bitten unwichtig sind. Als erwachsene Männer und Frauen sind sie dann überzeugt, daß sie ihre Eigenpersönlichkeit nur dann wahren können, wenn sie allem widersprechen und sich allem widersetzen, was von außen an sie herangetragen wird. Sie haben nicht gelernt, daß sie mit anderen übereinstimmen oder sich den Wünschen anderer fügen können und dabei trotzdem eigenständige Persönlichkeiten bleiben.

Deshalb erleben sie Nähe als tiefe emotionale Bedrohung. Sie haben keine Vorstellung davon, wie eine gesunde Beziehung aussieht. Sie wissen nicht, daß sie mit anderen übereinstimmen und auf deren Wünsche eingehen und daß sie Nähe zulassen können, ohne damit ihre Eigenständigkeit aufzugeben. Beziehungsabhängige mit dieser Grundeinstellung fühlen sich nur wohl, wenn sie ständig alles unter Kontrolle haben. Das wirkt sich auch auf ihre sexuellen Beziehungen aus. Viele dieser Frauen erleben keinen Orgasmus, viele der Männer haben Potenzschwierigkeiten.

2. „Ehepartner machen alles gemeinsam, denn sie sind doch eins." Menschen, die das glauben, sehnen sich nach einem Einssein, das kein Mensch je zurückerlangen kann, dem Einssein mit der Mutter im Mutterleib. Sie suchen jemanden, der alle ihre Bedürfnisse stillt, der sie ganz und heil macht. In gewissem Maße ist diese Sehnsucht durchaus normal. Sie kann sich aber bis hin zu einer ungesunden Zwanghaftigkeit steigern. Wenn ein Kind aus irgendwelchen Gründen in seiner seelischen Entwicklung nicht über das Stadium der engen Bindung an die Mutter hinauskommt und in der Trennungsangst steckenbleibt, bekommt es im Erwachsenenalter Beziehungsprobleme. Menschen, die noch Angst und Beklemmung empfinden, wenn sie innerlich nicht mit andern übereinstimmen (wie bereits ausgeführt), neigen dazu, sich schnell und stürmisch zu verlieben und erleben dann das normale Stadium der Beziehung nach der anfänglichen Verliebtheit als Ablehnung. Dann klammern sie sich entweder mit großem Ungestüm an den andern oder lassen ihn fallen.

Dieter und Marlene hatten schon einige Zeit zusammengelebt, als sie durch eine christliche Studentenarbeit an Christus gläubig wurden. Deshalb wollten sie ihre Beziehung legalisieren. Sie heirateten. Marlene war glücklich, denn in den ersten Monaten ihres Christseins hatte sie Schwierigkeiten gehabt. Sie dachte, nun werde sie alles mit Dieter gemeinsam machen. „Jetzt, wo er mir auch vor dem Gesetz verpflichtet ist", dachte sie, „brauche ich nie mehr allein zu beten und in der Bibel zu lesen. Wir werden alles gemeinsam machen!" Was für ein Schock erwartete sie!

3. „Wenn die Leute wüßten, wie ich wirklich bin, würden sie sich von mir zurückziehen. Deshalb muß ich mich nach außen anders geben, als ich eigentlich bin." Dieser Überzeugung liegen tiefe Gefühle der Wertlosigkeit und der Scham zugrunde. Menschen, die so denken, neigen meistens zum Perfektionismus. Sie träumen davon, einzigartig zu sein und Überragendes zu leisten, obwohl sie wissen, daß sie nie all ihren selbstgestellten Anforderungen gerecht werden können.

Eine Patientin erzählte mir, wie während ihrer Schulzeit ihre ältere Schwester immer gute Zensuren nach Hause brachte, während sie selbst immer mühsam kämpfen mußte, um mitzukommen. Als sie mit dem Studium begann, wollte sie nun endlich einmal ihrem Vater beweisen, daß auch sie etwas konnte. Immer wieder hatte sie von ihm zu hören bekommen: „Auf meine Große kann ich zählen. Aber du bist bloß eine Enttäuschung für mich." So brachte sie nach dem ersten Semester tatsächlich viermal die Note sehr gut und einmal gut nach Hause. Ihr Vater schaute das Zeugnis an und fragte nur: „Warum hier bloß eine zwei?" Im nächsten Semester strengte sie sich noch mehr an und bekam tatsächlich lauter Einsen. Sie war sicher, nun endlich von ihrem Vater anerkannt zu werden, so wie sie es viele Jahre ersehnt hatte. Doch der Vater schaute das Zeugnis ohne sonderliches Interesse an und sagte: „Du bist ja noch im Grundstudium – da ist es noch leicht!" Obwohl das alles Jahre zurücklag, tat es meiner Patientin noch immer weh, und sie weinte bitterlich, als sie davon erzählte.

Viele Beziehungsabhängige haben das Gefühl, aus zwei Personen zu bestehen, aus ihrem inneren Wesen und der nach außen gezeigten Fassade. Auch wenn bei ihnen rein äußerlich alles gut aussieht, weil sie erfolgreich, talentiert, gesellschaftlich anerkannt und beruflich gut gestellt sind, haben sie das Gefühl, dies entspreche nicht ihrem inneren Ich. Als Kinder mußten sie ihr wahres Wesen, alle echten Gefühle und Gedanken immer verbergen. Deshalb verhalten sie sich als Erwachsene automatisch immer so, wie es ihrer Meinung nach die anderen von ihnen erwarten. Innerlich fühlen sie sich immer noch wie das emotional vernachlässigte kleine Kind, schwach und verwundbar. Weil ihr inneres Selbst in ihrer Kindheit lächerlich gemacht, ignoriert oder nicht akzeptiert wurde, kommt es ihnen, wenn sie erwachsen sind, überhaupt nicht in den Sinn, daß jemand anders reagieren könnte als früher ihre Eltern und andere Autoritätspersonen. Deshalb bleiben sie in ihrer Angst und Verzweiflung stecken. Sie möchten Nähe und sehnen sich danach, „echt" zu sein, aber sie haben zuviel Angst davor, einmal jemanden hinter ihre Fassade blicken zu lassen. Offen zu sein und sich ehrlich mitzuteilen, hatte für sie in der Kindheit immer schlimme Folgen, und sie meinen, daß das heute nicht anders sei.

Es wäre schön, wenn man jemanden, der dieses Problem hat, ohne Bedenken dazu ermutigen könnte, in einer christlichen Gemeinde Offenheit zu wagen. Aber leider hat es auch dort oft unangenehme Folgen, wenn jemand sich öffnet und über seine Ängste, Schwächen und Vorstellungen spricht. Eine Patientin, die erst vor kurzem an Christus gläubig geworden ist, erzählte mir, daß sie und ihr Mann lieber zu den Treffen der Anonymen Alkoholiker (AA) und der Al-Anon-Gruppen für Angehörige gehen, um dort Gemeinschaft zu haben und sich auszutauschen. „Wir haben erlebt", sagte sie, „daß die Leute in der Kirche schockiert sind, sich zurückziehen und nicht mehr mit uns reden, wenn wir etwas über unsere Kämpfe, Ängste und Zweifel sagen. Bei den AA gibt wenigstens jeder zu, daß er in Schwierigkeiten ist, und niemand versucht so zu tun, als ob bei ihm alles stimmt, so wie es die Leute in der Kirche machen." Das ist eine erschreckende Aussage über die Christen, denn eigentlich sollte unter ihnen Gottes Liebe zu den problembeladenen und innerlich verletzten Menschen spürbar sein. Und doch ist das, was jene Patientin sagte, kein Einzelfall. Ich habe von Christen, die jung im Glauben und neu in der Gemeinde waren, wiederholt ähnliches gehört.

4. „Wenn etwas schiefgeht, ist das allein meine Schuld. Ich bin eben wertlos und bringe nichts Gutes zustande. Wenn mein Partner unglücklich ist, dann nur deshalb, weil ich versagt habe." Diese Einstellung hält den Menschen im schamorientierten Verhaltensmuster fest (siehe Schautafel 3). Seltsamerweise ist die Überzeugung, für alles verantwortlich zu sein, ein Mittel, um die Kontrolle zu behalten. Unbewußt geht man davon aus: „Wenn ich schuld bin, kann ich das Übel bannen. Wenn etwas meinetwegen schiefläuft, kann ich es ändern." Wenn ich aber anerkenne, daß der andere für seine Gefühle und für sein Glück selbst verantwortlich ist, entgleitet mir die Kontrolle. Beziehungsabhängige gefallen sich in dem Bewußtsein, Dinge zurechtrücken, Probleme lösen und Konflikte ausräumen zu können. Wenn aber jemand anderes für das Problem verantwortlich ist, wie soll man dann damit fertig werden? Wenn man sich selbst beschuldigt, winkt ein Lohn – man behält die Situation unter Kontrolle.

Aber das bringt auch eine Last: Man fühlt sich wie unter einem Berg von Schuld begraben und schämt sich, weil man so schlecht ist. Das wiederum führt zu selbstzerstörerischem Verhalten, weil man ja dafür „bestraft" werden muß.

So erging es auch Ellen. Sie meinte, selbst schuld zu sein an der Gleichgültigkeit und Distanz ihres Mannes. Wenn sie dreißig Pfund abnähme (obwohl sie kein Übergewicht hat), verführerischer aussähe, intelligenter wäre und besser kochen könnte, dann – so meinte sie – ginge er bestimmt liebevoller mit ihr um. Ihren Kindern gegenüber ist sie sehr großzügig. Wenn sie etwas brauchen oder sich wünschen, dann besorgt sie es ihnen. Für sich selbst aber hat sie seit drei Jahren kein neues Kleid mehr gekauft. Sie hat das Gefühl, daß sie schöne Dinge nicht verdient. Wenn ihre Kinder ihr ein Parfüm oder ein schönes Kleidungsstück schenken, tauscht sie das im Geschäft gegen irgend etwas Nützliches für den Haushalt um. Beziehungsabhängige sind so damit beschäftigt, sich auf Fehler zu konzentrieren, die sie gar nicht haben, und Schuld auf sich zu nehmen, für die sie nicht verantwortlich sind, daß sie keinen Blick mehr haben für ihre wirklichen Probleme. Sie verbrauchen ungeheuer viel Energie, um gegen ihr vermeintliches Verschulden anzugehen und haben deshalb keine Kraft mehr, um sich zum Beispiel mit ihrer menschengefälligen, nachgiebigen Haltung und ihrer Selbstgerechtigkeit auseinanderzusetzen, mit ihrer Besserwisserei, ihrem zwanghaften Verhalten (wie z. B. übermäßiges Essen oder Arbeitssucht) oder mit ihren Wutausbrüchen, mit Schmollen und anderen Verhaltensweisen, die sie einsetzen, um ihre Umgebung zu manipulieren. Sie gefallen sich in der Rolle des armen Opfers, ohne zu merken, wie sie damit ihre Umgebung kontrollieren. Und wenn einmal die Opferrolle auch sonst nichts einbringt, dann doch wenigstens eine Menge Selbstmitleid! Und natürlich bestätigt sich durch diese Rolle ihre niedrige Selbsteinschätzung.

5. „In einer guten Ehe kommt es nie zu Konflikten. Es gibt keinen Streit und keine gegenseitige Kritik. Die beiden Partner sehen einander nie als selbstverständlich an, sie sind immer für den anderen da und nie böse aufeinander.“ Menschen, die an diesen Mythos glauben, haben das Gefühl, daß die Bestätigung durch andere für sie lebensentscheidend ist und daß nur die Übereinstimmung mit andern diese Bestätigung gewährleistet. Sie lassen Konflikte nicht zu und sind unfähig, Probleme angemessen zu lösen. Sie erwarten von anderen die Bestätigung ihrer Gefühle, Überzeugungen und Gedanken – ja sogar ihrer Existenzberechtigung! Wenn jemand mit ihnen nicht übereinstimmt, fühlen sie sich abgelehnt. Denkt oder fühlt jemand anders als sie selbst, empfinden sie das als persönlichen Angriff. Unbewußt glauben sie, daß Liebe und Ärger nicht miteinander vereinbar sind: „Wenn du auf mich böse bist, liebst du mich nicht.“ Deshalb umgehen sie strittige Fragen und weichen Konflikten aus, oftmals auch dadurch, daß sie auf Distanz gehen. Wenn sie dem anderen zu nahe kommen, könnte es ja Ärger geben, und davor haben sie Angst. Sie wagen nicht einmal, ihren Ärger überhaupt wahrzunehmen, weil ihnen das zu gefährlich erscheint, und weisen deshalb den andern zurück, ehe zu viel Ärger in ihnen hochkommt.

Einer meiner Patienten erzählte mir, wie schockiert er war, als er in einem Ehebuch las, daß man an einer Ehe arbeiten muß. Er meinte, daß sich glückliche Ehen einfach von selbst ergeben! Ein anderer junger Mann war überzeugt, daß seine Ehe doch ganz gut „klappe", obwohl er an vier oder fünf Abenden in der Woche mit „seinen Kumpeln" ausging und fünfzig und mehr Stunden in der Woche im Beruf arbeitete. Besondere Anstrengungen für seine Ehe oder einen Beitrag seinerseits sah er als unnötig an. Menschen, die so denken, haben sich nie mit den Konflikten auseinandergesetzt, die unausbleiblich sind, wenn zwei Menschen in der Ehe miteinander leben. Sie gehen davon aus, daß ihr Ehepartner – egal was sie selbst machen – immer liebevoll auf ihr Verhalten reagiert und sie nie kritisiert, daß er nie einen Fehler an ihnen entdeckt oder böse auf sie wird! Wenn mir jemand erzählt: „O, mein Mann und ich, wir streiten uns nie", dann frage ich mich immer, wer von beiden tot ist!

Übertragung verkehrter Verhaltensmuster aus der Vergangenheit in die Gegenwart

Wir haben gesehen, daß beziehungsabhängiges Verhalten durch irrige Überzeugungen und widersinnige emotionale Reaktionen verfestigt wird. Es wird aber auch durch verkehrte Verhaltensmuster verstärkt, die häufig schon in der Kindheit erworben wurden. Wenn bestimmte Verhaltensformen für das Kind angenehme Reaktionen bei seinen Bezugspersonen auslösten, wiederholt es dieses Verhalten, bis es zur Gewohnheit geworden ist. Wenn z. B. eine Mutter jedesmal angelaufen kommt, wenn ihr Baby schreit, bestärkt sie damit das Verhalten des Kindes. Das Baby lernt dann, daß es durch Schreien seine Mutter herbeizaubern kann. Wenn man also auf eine Handlungsweise positiv reagiert, erhöht man die Wahrscheinlichkeit, daß dieses Verhalten wiederholt wird. Das gilt auch dann, wenn man bestimmte Verhaltensweisen bei den Kindern oder seinen Mitmenschen gar nicht bewußt hervorrufen will. So kennt wohl jeder Eltern, die unbeabsichtigt ein „Schreikind" erziehen, weil sie bei jeder kleinen Schramme ein Mordstheater machen. Ein Kind begreift schnell, und es schreit nun beim geringsten Anlaß, weil es weiß, daß Mutter oder Vater dann angelaufen kommen.

Schautafel 7:
Doppelsinnige Botschaften aus der Kindheit

Nach: J. G. Woititz, Um die Kindheit betrogen.
Hoffnung und Heilung für die erwachsenen Kinder von Suchtkranken

Botschaft aus der Kindheit	Reaktionen als Erwachsener
1. „Ich liebe dich / Geh weg!" „Komm zu mir / Geh weg!"	1. Wählt Freunde, die einmal liebevoll sind, aber im nächsten Augenblick kalt und distanziert. Sucht Freunde, die unzuverlässig sind, die etwas anderes sagen, als sie dann tun.
2. „Ich brauche dich / Du machst alles verkehrt!"	2. Fühlt sich zu Menschen hingezogen, die ihn brauchen, aber auch gemein zu ihm sind. Zieht Partner an, die sowohl kritisch als auch abhängig sind. Sucht Anerkennung von anderen, die nicht fähig sind, sie zu geben.
3. „Ja, der oder die (Vater, Mutter usw.) tut und sagt so etwas Schreckliches. Aber du mußt das verstehen! Er oder sie war nur betrunken, krank, müde, beschäftigt ..."	3. Wird der „verständnisvollste" Mensch der Welt, sogar wenn er mißbraucht wird. Entschuldigt andere auf vielerlei Weise, hat für sich selbst aber selten das gleiche Verständnis. Neigt dazu, sich bei Beziehungsproblemen selbst die Schuld zu geben.
4. „Ich verspreche dir, daß ich für dich da bin – nächstes Mal!"	4. Erwartet nichts, um nicht enttäuscht zu werden. Wünscht, daß andere aus seinen Gedanken lesen, was er braucht und möchte. Beklagt sich, daß er allein die Verantwortung für die Beziehung zum anderen trägt. Verzichtet aus lauter Verantwortlichkeit auf sein eigenes Glück und Wohlergehen. Neigt dazu, den Worten anderer zu glauben, während er ignoriert, wie die andern dann handeln.
5. „Mach dir keine Sorgen, Liebes, es ist ja alles in Ordnung / O du meine Güte, wie soll ich bloß mit diesem Durcheinander fertig werden?"	5. Wird zum „Super-Helden". Handelt übermäßig verantwortlich, hat „Retterkomplex". Umsorgt Bedürftige, ob sie es wollen oder nicht. Mutet sich selbst zu viel zu.

Die Verhaltensmuster, die man so in der Kindheit erlernt hat, werden bis ins Erwachsenenalter beibehalten. Wenn beispielsweise ein Kind beobachtet, daß seine Eltern und Geschwister in „doppelsinnigen Botschaften" miteinander sprechen, folgert es daraus, daß dies das angemessene Kommunikationsmuster für enge zwischenmenschliche Beziehungen ist. Es wird deshalb auch später, wenn es erwachsen geworden ist, dieses Verhalten bei Freunden oder dem Ehepartner nicht in Frage stellen. Doppelsinnige Botschaften bringen zwei oder mehrere entgegengesetzte Dinge gleichzeitig zum Ausdruck: Wenn zum Beispiel jemand auf eine Bitte mit „ja" antwortet, aber seine Körperhaltung und sein Gesicht „nein" ausdrücken. Oder wenn jemand sagt: „Natürlich liebe ich dich, aber jetzt geh weg und stör mich nicht." Kinder, die solche Botschaften empfangen, gewöhnen sich daran, verwirrt und irritiert zu sein. Sie fühlen sich häufig zu Freunden hingezogen, die heute nett und freundlich, aber morgen kalt und abweisend sind. Oder sie lassen sich auf Menschen ein, die viel versprechen, aber nichts halten. Die Versprechung heißt: „Komm zu mir, ich kümmere mich um dich", das Nichteinhalten aber lautet: „Geh weg."

In Schautafel 7 sind Beispiele von doppelsinnigen Botschaften aufgeführt, die viele Beziehungsabhängige als Kinder gehört haben und durch die ihr Verhalten im Erwachsenenalter geprägt ist. Unbewußt reagieren sie noch immer darauf. Deshalb ziehen sie — oft ohne es überhaupt zu merken — Menschen an, die ihre alten Verhaltensformen bekräftigen. Sie konzentrieren sich auf Vertrautes. Manche Frau hat beispielsweise immer wieder erlebt, wie jemand sagte, daß er sie liebe, sie aber gleichzeitig verletzend oder beleidigend behandelte. Nun neigt sie dazu, unbewußt nach Beziehungen und Situationen Ausschau zu halten, in denen sich dieses Muster wiederholt, das ihr so vertraut ist. Sie reagiert darauf in der gewohnten Weise. Wenn dann der Partner auch noch die erwartete und deshalb als positiv empfundene Reaktion zeigt, verfestigt sich das Fehlverhalten immer mehr.

Bei Jo, einem aufgeweckten, hochbegabten jungen Mann wurde das sehr deutlich. Sein Vater hatte Selbstmord begangen, als Jo acht Jahre alt war. Alle Verwandten seines Vaters sagten, seine Mutter habe den Vater umgebracht, obwohl es keinerlei Beweise dafür gab. Jos Vater war alkoholabhängig gewesen, und seine Mutter war es ebenfalls. Von frühester Kindheit an hatte Jo gelernt, sich um seine Mutter und seine Geschwister zu kümmern. Er hatte ihnen die Schulbrote gestrichen und ihnen beim Anziehen geholfen. Wenn seine Mutter betrunken war, hatte er sie umsorgt, bis sie wieder nüchtern war. Jo hatte aber auch selbst berechtigte Bedürfnisse: spielen, sich ausruhen und selbst umsorgt zu werden. Diese Bedürfnisse wurden – wenn überhaupt – nur selten erfüllt. Deshalb wurde es für Jo zur Gewohnheit, niemals etwas für sich selbst zu erwarten. Er war schließlich zutiefst überzeugt, daß keiner seiner Wünsche je in Erfüllung gehen konnte. Deshalb sabotierte er jedesmal seinen eigenen Erfolg, wenn er kurz vor einem angestrebten Ziel stand. So hatte er beispielsweise wenige Wochen vor dem Abschluß seiner Doktorarbeit einen Autounfall und mußte deshalb seine Arbeit unterbrechen. Und als er wieder gesund war, meinte er, nun sei es zu spät, um dort weiterzumachen, wo er aufgehört hatte. Ein anderes Mal wurde ihm ein Posten angeboten, bei dem er das Dreifache seines bisherigen Einkommens verdient hätte. Bei einer angesehenen und einflußreichen Immobilienmakler-Gesellschaft hatte man von ihm gehört, ihn angerufen und um Einsichtnahme in seine Zeugnisse gebeten. Es dauerte sechs Wochen, bis Jo seine Unterlagen zusammenhatte. Mir gegenüber sagte er: „Ich kam mir irgendwie unwahrhaftig vor. Es konnte nicht stimmen, daß ich so gut war, wie es in meinen Zeugnissen stand. Ich habe mich gefragt, ob ich überhaupt so einen guten Job verdiene, obwohl ich eigentlich weiß, daß ich wirklich dafür qualifiziert bin."

Eine andere Patientin erzählte mir kürzlich eine ähnliche Geschichte. Bei ihr zu Hause wurde großer Wert auf Familienzusammenhalt gelegt. Betty hatte zwar noch ältere Brüder, war aber selbst das älteste Mädchen in der Geschwisterreihe. Und so fiel ihr wie selbstverständlich die Rolle des Hausmütterchens zu. Wenn sie aus der Schule kam, versorgte sie das Baby, machte sauber, kochte das Essen, badete die jüngeren Geschwister usw. Ihre Eltern waren oft fort, manchmal zwei Tage hintereinander. Sie überließen Betty den gesamten Haushalt. Natürlich ohne Betty je zu fragen, ob sie diese ganze Verantwortung eigentlich übernehmen wollte. Auch nach ihren eigenen Bedürfnissen wurde sie nie gefragt. Wenn ihre Eltern heimkamen, war ihr Vater gewöhnlich betrunken. Ihre Mutter setzte sich dann auf die Couch und erwartete, von vorn bis hinten von Betty bedient zu werden. So gewöhnte sich Betty an den Gedanken, daß sie nach Abschluß ihrer Schulausbildung selbstverständlich zu Hause zu bleiben und für die Familie zu sorgen hatte.

Eines Tages unterhielten sich einige ihrer Klassenkameraden darüber, was sie nach ihrem Schulabschluß vorhatten. Einige wollten studieren, andere ihren Militärdienst ableisten und wieder andere wollten sich einen Job suchen und eine eigene Wohnung beziehen. Betty war fassungslos. Entgeistert fragte sie: „Was meint ihr eigentlich? Müßt ihr denn nicht zu Hause bleiben und für eure Eltern sorgen? Das müssen Kinder doch, oder?" Ihre Freunde lachten über ihre Naivität. Aber das war wirklich Bettys Vorstellung. Nie wäre es ihr in den Sinn gekommen, daß sie die Möglichkeit oder gar das Recht hatte, Pläne für ihre eigene Zukunft und ein von den Eltern unabhängiges Leben zu schmieden. Sie dachte, sie habe keine andere Wahl, als zu Hause zu bleiben und der Rolle gerecht zu werden, die man ihr anerzogen hatte.

Heute, etwa fünfundzwanzig Jahre später, fängt sie an, sich von diesen alten Überzeugungen zu lösen, doch fällt ihr das unendlich schwer. Sie hat lange in einer religiösen Ordensgemeinschaft gelebt. Das Leben dort hatte viel Ähnlichkeit mit ihrem Leben zu Hause. Vor einiger Zeit hat sie ein paar eigene, unabhängige Entscheidungen getroffen. Sie geht zur Abendschule, um ihren Schulabschluß nachzuholen, hat eine eigene Wohnung bezogen und eine Teilzeit-Beschäftigung angenommen. Sie hat aufgehört, übermäßig zu essen, hat an Gewicht verloren und ist umgänglicher geworden. Bis zum vorigen Monat ging alles gut. Sie stand kurz vor dem Schulabschluß, bekam manches Kompliment für ihr verbessertes Aussehen und merkte, daß man sie an ihrer Arbeitsstelle schätzte. Da bekam sie plötzlich schwere Angstzustände. Sie aß wieder übermäßig viel und fühlte sich niedergeschlagen und entmutigt.

Als Betty zu mir in die Therapie kam, sprachen wir über das Thema Familienzusammenhalt. In ihrer Familie bedeutet zusammenhalten „alles für richtig zu halten, was die Familie glaubt". Ich fragte Betty, was ihre Familie zu ihren Erfolgen sage. Schlagartig wurde ihr klar, daß sie in ihrer Familie als „dummes Mädchen" galt, das es nie zu etwas bringen würde. Kein Wunder, daß Betty in einen tiefen angstauslösenden Konflikt geriet, als sie der Meinung der Familie zuwiderhandelte, indem sie Erfolg hatte. Ihre unbewußte Frage war: „Soll ich mich gemäß den Überzeugungen meiner Familie verhalten (und erfolglos bleiben), oder kann ich mit den Ansichten meiner Familie über mich brechen und auf andere Art meinen Zusammenhalt mit ihnen ausdrücken?" Betty wurde sich dieser inneren Auseinandersetzung erst bewußt, als wir über ihre Schwierigkeiten sprachen. Nun versucht sie, Möglichkeiten zu entdecken, wie sie ihrer Familie gegenüber loyal sein kann, ohne deren Ansichten über sie zu übernehmen.

Sowohl Jo als auch Betty reagierten in gewohnter Weise: Ob sie bei einer Unternehmung Erfolg hatten oder Mißerfolg, ob sie eine Sache verdienten oder nicht, das alles hing für sie ab von den Einstellungen ihrer Familie, denen sie sich noch immer verpflichtet fühlten. Beziehungsabhängigen muß bewußt werden, daß ihr Verhalten durch bestimmte Umstände und Erfahrungen in ihrer Vergangenheit gewissermaßen falsch programmiert worden ist, daß sie aber diese Programmfehler löschen und neue Programme eingeben können. Wenn das geschehen ist, werden sie in der Lage sein, auf das gegenwärtige Leben positiv zu reagieren.

Geistlicher Ungehorsam

In Kapitel 5 haben wir gesehen, daß Suchtverhalten im Kern eine Art Abgötterei ist. Die Person oder die Sache, nach der ein Mensch süchtig ist, wird zum Lebens-Mittelpunkt des Süchtigen. Halt und Sicherheit für sein Leben erwartet er nicht von Gott, sondern von seinem Suchtmittel. Außerdem haben wir festgestellt, daß Sucht auch von einem Schamzustand herrührt, in dem wir Menschen uns befinden. Das Suchtmittel scheint eine Möglichkeit zu bieten, diesen Schamzustand zu überdecken und sich vor sich selbst und vor Gott zu verstecken.

Im Suchtverhalten sind aber noch andere geistliche Triebkräfte am Werk, besonders wenn es um Beziehungssucht geht.

1. Begehrlichkeit. Beziehungsabhängige begehren jemand oder etwas, was Gott ihnen nicht gegeben hat. Sogar in der Ehe, wo Mann und Frau geistlich eins sind, soll keiner der Partner von der Seele, dem Wesen oder der Persönlichkeit des anderen Besitz ergreifen. Vielmehr soll jeder Partner sein einzigartiges Wesen bewahren und entfalten und die Ehegemeinschaft bereichern, indem er sich als eigenständige Persönlichkeit in die Beziehung einbringt.

Vielen Beziehungsabhängigen macht es jedoch angst, wenn sie sich von anderen zu sehr unterscheiden. Sie empfinden Andersartigkeit als negative Kritik an ihrer eigenen Person. Es ist fast so, als ob der Beziehungsabhängige glaubt, es gebe nur eine einzige Art, richtig zu sein und sich richtig zu verhalten. Und wenn dann jemand anders ist als er selbst, muß ja zwangsläufig einer von beiden falsch liegen. Wer beziehungsabhängig ist, lebt meist unter dem Zwang, alles perfekt zu machen. Allein schon der Gedanke, sich geirrt zu haben, ist für ihn katastrophal. Deshalb muß nach seiner Sicht der andere im Irrtum sein und sich ändern oder umorientieren.

Beziehungsabhängige streben auch die Kontrolle über andere Menschen an. Sie wollen andere Menschen ändern und in das Bild pressen, daß ihrer Meinung nach für sie am besten ist. Es ist, als wollten sie das Leben anderer Menschen leben und gestalten – natürlich nur „zu deren Bestem". Auch wenn jemand seinen Partner nicht allein lassen kann, ist das eine Form von Begehrlichkeit.

Und wenn Ehepaare sagen, daß sie alles gemeinsam machen und darüber hinaus keine Freunde oder anderweitige Interessen brauchen, ist das Begehrlichkeit. Sie scheinen den Wunsch zu hegen, miteinander nur eine Person zu sein, statt als zwei eigenständige Persönlichkeiten ihren Lebensweg gemeinsam zu gehen. Das kann so weit führen, daß sie anfangen, einer für den andern zu sprechen. Diese Menschen benutzen sich gegenseitig, um ihre innere Leere zu füllen.

2. Rebellion. Beziehungsabhängige leben, wenn auch meist unbewußt, in Rebellion gegen Gott und seine Lebensordnungen. Ihr Bedürfnis nach Kontrolle und Macht, ihre Neigung, wütend zu werden oder deprimiert zu sein, wenn sie ihr Ziel nicht erreichen, ihre Besessenheit, recht zu haben und vollkommen zu sein und die dazugehörigen geistigen, emotionalen, zwischenmenschlichen und physischen Auswirkungen zeigen das sehr deutlich.

Zwar leben grundsätzlich alle Menschen in solcher Rebellion gegen Gott (Römer 1). Doch bei Beziehungsabhängigen ist dieses Problem besonders ausgeprägt. In ihrer Kindheit war für sie ihr Leben so völlig unkontrollierbar und unberechenbar, daß es für sie äußerst schwierig ist, Gott so weit zu vertauen, daß sie ihm alles überlassen können.

Oft ist ihre Vorstellung von Gott durch ein unglückliches menschliches Vorbild, nämlich durch ihren eigenen Vater, stark verzerrt. Die Vorstellung von Gott wird bei jedem Menschen stark beeinflußt durch seine Erfahrungen mit dem leiblichen Vater.

Dafür gibt es ein interessantes Beispiel: Für die deutschen Theologen des frühen zwanzigsten Jahrhunderts war Gott allem Anschein nach zwar sehr mächtig, aber unendlich weit entfernt. Nur selten sprachen sie von persönlichem Glauben oder gar einer herzlichen Beziehung zu ihrem himmlischen Vater. Wer ihre Werke liest, bekommt den Eindruck, daß man möglicherweise irgendwann einmal im Leben mit Gott in Kontakt kommen kann. Aber normalerweise bleibe einem nichts anderes übrig, als in blindem Glauben einen Absprung zu wagen in der Hoffnung, daß Gott einen schließlich doch hört. Sheila Fabricant, einer bekannten römisch-katholischen Theologin, war das aufgefallen, und sie sprach darüber einmal mit der Frau eines dieser Theologieprofessoren. Aus der Sicht jener Professorenfrau war die Ursache für diese strenge und distanzierte Vorstellung von Gott die damals in Deutschland weit verbreitete Überzeugung, daß ein Baby niemals hochgenommen werden dürfe, wenn es schrie. Man befürchtete, das Kind sonst zu verziehen. Jene Männer hatten also im Säuglingsalter die Erfahrung gemacht, daß niemand reagierte, wenn sie auf säuglinghafte Weise – durch Schreien – äußerten, daß sie etwas brauchten, ihnen etwas weh tat oder sie einfach getröstet werden wollten. Wenn dann schließlich doch jemand kam, erschien ihnen das willkürlich, weil es scheinbar keinerlei Bezug zu ihren Bedürfnissen hatte.

Vielen beziehungsabhängigen Menschen fällt es aufgrund ihrer Erlebnisse in der frühesten Kindheit ungeheuer schwer, daran zu glauben, daß Gott sich um sie sorgt, sie liebt und ihnen helfen

will. Noch immer erscheint ihnen das Leben völlig unberechenbar, und sie meinen, sich nur durch ein Übermaß an Kontrolle dagegen schützen zu können. Wer aber alles unter Kontrolle halten
muß, um sich einigermaßen sicher zu fühlen, kann Gott nicht die
Kontrolle überlassen, sondern er wird versuchen, sich mit allen
Mitteln dagegen zu wehren. Dieses Verhalten entspringt zwar der
Angst, doch es ist trotz allem Rebellion!

3. Mißtrauen. Eng verwandt mit der Rebellion ist das Mißtrau-
en. Beziehungsabhängige mißtrauen Gott. Sie versuchen deshalb,
ihm den Einfluß auf ihr Leben zu verwehren, und damit rebellieren
sie gegen ihn. Sie ähneln Abraham in seinen weniger bewunderns-
werten Lebensabschnitten. Wie Abraham, so haben auch sie Not
damit zu glauben, daß Gott fähig und bereit ist, seine Verheißungen ohne ihre Hilfe einzuhalten. Abraham wartete lange Zeit, ob
Sara ein Kind bekäme. Doch als dann nichts geschah, wollte er
Gott „zur Hand gehen", indem er mit Saras Magd Hagar ein Kind
zeugte. So sind auch Beziehungsabhängige: Sie meinen, sogar
Gott brauche ihre Hilfe, und deshalb stecken sie ihre Nase auch
dort hinein, wo sie gar nicht hingehört. Und wie Abraham müssen
sie feststellen, daß ihre Einmischung langfristige Folgen hat.

Viele Beziehungsabhängige haben berechtigte Sorgen im Blick
auf geliebte Menschen, Freunde oder sich selbst, und sie bringen
diese Dinge im Gebet vor Gott. Doch ihre Gebete haben oft einen
nötigenden, beschwörenden Charakter. Sie beten, als ob sie Gott
erst mühsam von der Dringlichkeit ihrer Anliegen überzeugen und
ihm dazu auch gleich ein paar Vorschläge machen müßten, wie er
handeln solle. Statt wie ein Kind zu Gott zu kommen, der als liebender Vater seinen Kindern gute Gaben schenken will, wenden
sich diese Menschen an Gott, als müßten sie ihn überreden oder
ihm Hilfe und Segnungen abbetteln. Ihre Gebete sind deshalb oft
nur eine Erweiterung ihres Sorgens und Zersorgens:

„O, lieber Herr, *bitte*, hilf dem und dem. Er braucht dich, o Gott!
Er macht das und das, und ich mache mir solche Sorgen um ihn.
Bewahre ihn, *bitte*! Laß ihm nichts passieren! Ich *flehe* dich an, o
Gott, hilf mir und hilf ihm! Du hast doch *versprochen*, uns zu hel-
fen! Du *mußt* jetzt helfen! Es wäre furchtbar, wenn das und das
passierte! O Herr, das könnte ich nicht ertragen! *Bitte, bitte tu*

etwas! Ich kann nicht ohne diesen Menschen leben! Du mußt mir helfen! Bitte, bitte, bitte!"

Solche Gebete kommen nicht aus einem Herzen, das in Gott ruht, an seine Allmacht glaubt oder seiner grenzenlosen Liebe vertraut. Es wird zwar sehr intensiv gebetet, mit viel Eifer (und meistens mit nachfolgender Erschöpfung) und vielen Wiederholungen. Aber mit Sicherheit meinte Paulus nicht solches Gebet, als er den Christen in Thessalonich schrieb: „Betet ohne Unterlaß" (1. Thessalonicher 5,17). Denn ein Gebet, wie ich es gerade beschrieben habe, ist in Wirklichkeit nichts weiter als fromm übertünchtes Sorgen. Immer wieder begegne ich in meiner Praxis Menschen mit diesem Problem. Ich versuche dann, ihnen den Unterschied zwischen berechtigtem Besorgtsein und Zersorgen klarzumachen. Besorgtsein ist die Bangigkeit oder Anspannung, die sich um etwas dreht, was man kontrollieren und ändern kann. Zersorgen dagegen ist die Angst und Spannung, die uns befällt, wenn etwas in unserem Leben außerhalb unserer Einflußmöglichkeiten und unserer Kontrolle liegt.

Wenn ich beispielsweise darüber besorgt bin, daß ich seit meinem Urlaub zehn Pfund zugenommen habe, kann ich Gymnastik machen und meine Eßgewohnheiten ändern und dadurch wieder an Gewicht verlieren. So kann ich positiv auf mein Besorgtsein reagieren. Zersorgen heißt dagegen, sich an Dingen aufzureiben, über die man keine Kontrolle hat. So kann ich mich darüber zersorgen, ob es am Geburtstag meines Kindes regnen wird oder ob irgendwo jemand eine Atombombe abwirft oder ob sich mein Ehepartner beim nächsten Familienfest wieder betrinkt. Liegt etwas in meinem Einflußbereich, dann kann ich etwas tun für eine positive Wendung. Zersorgen aber ändert überhaupt nichts. Die geistliche Reaktion auf besorgniserregende Umstände, die außerhalb meiner Einflußmöglichkeiten liegen, wäre, Gott die Regie zu übergeben und selbst die ganze Sache loszulassen. Es gibt viele bedrückende Dinge, an denen wir überhaupt nichts ändern können, auch wenn wir uns noch so sehr bemühen, sie unter Kontrolle zu bringen. Aber es gibt nichts, was Gottes Kontrolle entgleiten oder seine Einflußmöglichkeiten übersteigen kann. Deshalb ist Zersorgen unnötig und unproduktiv. Unser Gebet sollte also etwa so lauten:

„O Herr, ich bin mir deiner Größe und Allmacht bewußt. Wenn es auch außerhalb meiner Kontrolle liegt, den und den Menschen zu halten oder ihm zu helfen, so ist doch alles in deiner Hand. Ich überlasse ihn dir: Nicht mein, sondern dein Wille geschehe. Ich will mich nicht mehr wegen dieses Menschen oder dieser Situation aufreiben und zersorgen. Ich vertraue darauf, daß du für diesen Menschen viel besser sorgen kannst, als ich es mir überhaupt vorstellen kann. Danke für dein gnädiges Handeln. Amen."

Wie anders ist dieses Gebet im Vergleich zu dem vorhergehenden. Da ist kein Betteln und Überreden und Ertrotzen – nur ein ruhiges Vertrauen auf Gottes Gnade und Liebe. Doch wie oft versuchen wir statt dessen, Gott davon zu überzeugen, wie gut es wäre, wenn er unsere Wünsche erfüllte und unsere Vorschläge für sein Eingreifen berücksichtigte. Das zeigt, wie wenig wir es Gott letztlich zutrauen, daß er das Richtige tun wird. Beziehungsabhängige haben allem Anschein nach auch das Bedürfnis, Gott zu manipulieren, wie sie es auch in ihren Beziehungen zu Menschen haben. Sie scheinen zu glauben, daß Gott eher auf ihre Wünsche und Vorstellungen eingeht, wenn sie „gut" sind und „die Gebote befolgen". Ja, wir sollen Gott bitten, wir sollen ohne Unterlaß beten und beständig sein im Gebet. Doch zwanghaftes und nötigendes Beten aus der Angst heraus, daß bestimmte Lebensumstände für uns noch weniger kontrollierbar werden, als sie es sowieso schon sind, ist damit nicht gemeint. Der Apostel Petrus empfahl den Glaubenden in diesem Zusammenhang: „So demütigt euch nun unter die gewaltige Hand Gottes, daß er euch erhöhe zu seiner Zeit. Alle eure Sorgen werft auf ihn; denn er sorgt für euch" (1. Petrus 5, 6.7).

Beziehungsabhängige Menschen müssen schrittweise lernen, mehr zu vertrauen und weniger zu kontrollieren – sogar in ihren Gebeten und in ihrem Verhältnis zu Gott! Doch das kann nur gelingen in dem Maße, in dem sie begreifen, daß Gott ihr liebender Vater ist, der sich wirklich um sie kümmert und ihre Bedürfnisse, ihren Schmerz und ihre Bitten versteht.

Manipulation

Die vierte Seite beziehungsabhängigen Verhaltens ist Manipulation. Das ist nach einer gängigen Beschreibung „der Versuch, Menschen oder Umstände durch täuschende oder indirekte Mittel zu kontrollieren".

Manipulierendes Verhalten ist unwahrhaftig und verführerisch und dazu meist versteckt und kaum greifbar. Ich habe in meiner Praxis viele verschiedene Beispiele dafür erlebt, wie Beziehungsabhängige durch Manipulation versuchten, bestimmte Verbindungen aufrechtzuerhalten. Das Vertrackte dabei ist, daß viele eigentlich harmlose oder sogar positive Verhaltensweisen von Beziehungsabhängigen manipulativ eingesetzt werden, um einen Partner oder eine Situation nach ihren Vorstellungen zu beeinflussen. Nicht jeder also, der diese Dinge tut, ist beziehungsabhängig. Wenn sich aber bei jemandem beziehungsabhängige Grundstrukturen zeigen und die nachfolgend beschriebenen Verhaltensweisen dazukommen, dann ist Vorsicht geboten.

Finanzen. Oft verlegen sich beziehungsabhängige Menschen darauf, jemanden finanziell zu unterstützen, obwohl sie eigentlich gar nicht dazu in der Lage sind. Ohne sich dessen bewußt zu sein, versuchen sie so, sich die Liebe eines Menschen zu erkaufen oder ihn davon abzuhalten, daß er sie verläßt. So kauft Mirjam ihrem Freund Harry neue Reifen für seinen Wagen, obwohl sie weiß, daß sie eigentlich nicht das Geld dafür hat, weil in zehn Tagen ihre Miete fällig ist. Jochen gibt Katrin jeden Monat dreihundert Mark zur freien Verfügung, weil er sie durch seine Großzügigkeit beeindrucken will. Reiner ist alkoholabhängig, aber seine Schwester Anne läßt ihn bei sich wohnen und füttert ihn durch, obwohl sie weiß, daß er sich nie auf die Suche nach einem Job machen wird, solange er noch trinkt und eine Therapie ablehnt. Sie braucht das Gefühl, daß er von ihrer Hilfe abhängig ist.

Doris geht für den Lebensunterhalt ihrer Familie arbeiten, während ihr Mann Robert „auf der Suche nach seinem wahren Ich" ist. Eigentlich bliebe Doris viel lieber zu Hause bei ihrem Kind. Doch sie bringt täglich ihr Baby zu einer Tagesmutter und arbeitet vierzig Stunden in der Woche in ihrem Beruf zusätzlich zu allen

Aufgaben im Haushalt. Wenn sie das lange genug durchhält, so hofft sie, wird ihre Selbstaufopferung und Liebe Robert dazu bringen, Verantwortung für seine Familie zu übernehmen. Außerdem hat sie Angst, daß er sich etwas antut, wenn sie verlangt, daß er arbeitet, wo er doch so sensibel und depressiv ist.

Jessicas Eltern kaufen ihr ein Haus, richten es mit teuren Antiquitäten und Kunstwerken ein. Sie tut ihnen leid, weil „sie schwanger wurde und heiraten mußte" und ihr Mann sie dann verlassen hat. Von ihr zu erwarten, daß sie sich Arbeit sucht, sähe doch lieblos aus. Deshalb finanzieren sie ihr ein teures Studium und geben ihr ein üppiges Taschengeld. Sie haben ganz einfach Angst, daß sie erwachsen und selbständig wird und sie nicht mehr braucht.

Geschenke, Mitbringsel, Briefe und Blumen. In einer gesunden Beziehung sind Geschenke und Blumen Ausdruck von gegenseitiger Liebe und Zuneigung. Beziehungsabhängige Menschen wollen jedoch damit erreichen, daß der Beschenkte sie liebt und bei ihnen bleibt. Sie schenken also eigentlich nicht aus Liebe, sondern um den Partner zu manipulieren, denn sie meinen, ohne seine Liebe nicht leben zu können und haben Angst, ihn zu verlieren.

Sabine war mit Bert befreundet. Sie war beeindruckt und fühlte sich geschmeichelt, daß er als erfolgreicher, wohlhabender Arzt Interesse an ihr hatte. Später, als das Verhältnis in die Brüche gegangen war, erzählte sie in der Therapie, wie sie Dutzende kleiner Liebesbriefe geschrieben und sie in verschiedenen Schubladen und Schränken seiner Wohnung versteckt hatte. Sie schrieb außerdem – obwohl sie immer schon um 5 Uhr morgens aufstehen mußte – Gedichte und Karten und brachte sie zu nachtschlafener Zeit zur Post, damit er sie gleich noch am frühen Morgen erhielt.

Sabine fühlte sich Bert weit unterlegen und versuchte verzweifelt, ihm zu zeigen, wie sie ihn verehrte. Weil er ihre Art nicht mochte, sich lässig und sportlich zu kleiden, fing sie an, sich ausgefallene, teure Kleidung zu kaufen. Sie war regelrecht davon besessen, Zeichen ihrer Liebe für ihn zu kaufen. Bert war ein Egozentriker und ließ sich diese Verehrung gern gefallen. Als Sabine später in die Therapie kam, war sie bestürzt, als wir erarbeiteten, daß sie aus Angst versucht hatte, Bert zu manipulieren.

Physische Zuwendung. Physische Zuneigung ist ein wichtiger Bestandteil einer gesunden, liebevollen Beziehung. Jeder Mensch braucht physische Zuwendung – und die meisten bekommen nicht genug. In einer beziehungsabhängigen Verbindung wird dieses eigentlich gesunde Bedürfnis jedoch um persönlicher Vorteile willen ausgeschlachtet. Beziehungsabhängige begeistern sich häufig für jemanden, der sie gar nicht so besonders mag. So versucht der Beziehungsabhängige, mit viel zärtlicher List näheren Kontakt zu schaffen. Das fängt vielleicht ohne Worte an, etwa mit bedeutungsvollen Blicken. Weiter geht es mit natürlich „rein kameradschaftlichen" Umarmungen bei der Begrüßung und setzt sich fort mit Schulterklopfen, Rangeleien, Kitzeln und dergleichen mehr. Sogar in der Ehe kann physische Zuwendung (einschließlich Sex) zu Manipulationsversuchen mißbraucht werden. Wenn sich z. B. einer über seinen Partner geärgert hat, schaut er ihn nicht mehr an oder wendet sich ab, wenn der andere ihn berühren möchte. Oder wenn ein Partner auf den anderen wütend ist, kann ein spielerischer Boxkampf, ein Tätscheln oder eine Umarmung dazu mißbraucht werden, beim anderen wieder gut Wetter zu machen, ohne den Streitpunkt anzusprechen und den Konflikt auszutragen.

Sprache. Schmeicheleien, Insider-Scherze, Geheimnistuereien, Flirten oder Necken können Versuche sein, eine Beziehung zu manipulieren. Renate sagt vielleicht zu ihrem Mann: „Schatz, ich wüßte nicht, was ich ohne dich machen sollte. Ich käme nie allein zurecht. Ich brauche dich so sehr." – Thomas beugt sich über Johanna und flüstert: „Aber Liebling, du kannst nicht Schluß machen. Du bist die einzige auf der Welt, die mich versteht." – Andrea sagt zu Gerd: „Du weißt, daß es für mich auf der ganzen Welt keinen andern Mann gibt als dich. Ich könnte mich nie von dir trennen." – Jürgen sagt zu Alexandra: „Das ist unser kleines Geheimnis. Niemand wird je erfahren, daß du abgetrieben hast. Wir behalten es für uns, und solange wir zusammenbleiben, wird niemand Verdacht schöpfen."

Emotionale Unehrlichkeit. Viele beziehungsabhängige Verbindungen fußen auf emotionaler Unehrlichkeit. Negative Gefühle oder Gedanken werden unterdrückt, geleugnet oder verdrängt, Differenzen beschönigt und ignoriert.

Melanie kommt aus einer Familie der Oberschicht. Ihr Vater ist Professor und ihre Mutter ist durch ihre Wohltätigkeitsarbeit sehr bekannt. Melanie, selbst hochbegabt, hat in ihrem sozialen Umfeld maßgeblichen Einfluß. Sie hat sich mit ihrem Charme und ihrer Intelligenz bei zahlreichen Projekten engagiert, durch Referate und Fernsehbeiträge ist sie weithin bekannt. Melanie hat früh geheiratet. Sie bekam vier Kinder und war ihrem Mann absolut ergeben. Plötzlich verlor sie ihn, als er volltrunken mit hoher Geschwindigkeit gegen eine Mauer raste. Melanie war am Boden zerstört. Sie kam in die Therapie und entdeckte, daß sie sich in ihrem Wohlbefinden trotz ihrer eigenen Qualitäten immer von der Anerkennung ihres Mannes abhängig gemacht hatte. Ihr Vater war zu ihr zwar immer gütig gewesen, aber trotzdem distanziert und für sie emotional unerreichbar. Deshalb hatte sie ständig seine Anerkennung gesucht – und das später auch bei ihrem Mann getan.

Noch während der Therapie lernte Melanie einen wohlhabenden Politiker kennen. Er hieß Ludwig und war von Haus aus Jurist. Er hatte viel Geld, Macht und Charme – aber der Lebensstil der beiden hätte nicht unterschiedlicher sein können! Er liebte schnelle Autos, exzentrische Kleidung und ausgefallenen Schmuck. Seinen Glauben trug er wie ein Aushängeschild vor sich her. Literatur und Kunst bedeuteten ihm nichts. Seine Einrichtung bestand aus Chrom und Glas. Er verkehrte nur mit bestimmten Leuten, die ihn „verstanden". Melanie dagegen liebte Literatur, Theater, Kunst und Kunstgewerbe, ein gemütliches Zuhause und ungezwungene Feste. Ihr kleines Haus in ländlicher Umgebung war schlicht eingerichtet. Sie protzte nicht mit ihrem Glauben und hatte Freunde aus allen sozialen Schichten. Ludwig mochte keine Kinder, er hatte einen Reinlichkeitsfimmel und haßte Haustiere. Melanie und ihre vier Kinder waren dagegen vernarrt in ihre Haustiere, sie hatten häufig Gäste und meist viele Kinder aus der Nachbarschaft im Haus.

Als die Beziehung intensiver wurde, fing Melanie an, Ludwigs Überzeugungen und seinen Lebensstil in Frage zu stellen. Doch er bestand darauf, daß Melanie sich ganz nach ihm richten müsse, wenn sie zusammenbleiben wollten. Als großer Charmeur überredete er schließlich Melanie trotz ihrer Zweifel zur Verlobung. In ihrer letzten Therapiestunde sagte sie zu mir: „Ich weiß, daß ich einer

Illusion nachlaufe; aber Ludwig behandelt mich viel besser als mein verstorbener Mann. Und wenn ich mich bei ihm auch verleugnen muß, wenn ich so tun muß, als ob ich Glas und Chrom mag, wenn ich auch mein Interesse an Kunst und Literatur unterdrücken und Kleider tragen muß, die mir nicht gefallen, ja selbst wenn ich eine Lüge lebe, so ist das immer noch besser, als mit vier Kindern als Witwe allein dazustehen. Ich kann mir nicht vorstellen, wie Gott meine Bedürfnisse ohne diesen Mann befriedigen könnte. Ich brauche Ludwigs Liebe und seine Anerkennung. Ich weiß, daß es unklug ist, aber ich kann einfach nicht nein zu ihm sagen."

Melanie wollte lieber mit emotionaler Unehrlichkeit und mit einer Lebenslüge leben, um Ludwig festzuhalten, als sich selbst treu zu bleiben und dabei das Risiko einzugehen, die Beziehung zu diesem Mann zu verlieren.

Theater spielen. Auch mit Theater spielen kann man manipulieren. Dies Verhalten gibt es zwar nicht nur in beziehungsabhängigen Verbindungen, aber es scheint, daß es hier besonders oft eingesetzt wird. Theater spielt, wer vorgibt, daß aus seiner Sicht eine Beziehung gefährdet oder zerbrochen ist, und er zutiefst darunter leidet, nur damit andere ihm beteuern, daß doch noch alles in Ordnung ist. Dazu werden Aussprüche gebraucht wie: „Ich komme mir vor, als ob ich überhaupt nicht mehr dein Freund bin."

„Ich hätte dich gern besucht, aber ich wußte ja, daß du zu beschäftigt bist, um für mich Zeit zu haben."

„Ich glaube, du hättest am liebsten eine andere Mutter."

„Wenn du mich wirklich liebtest, dann ...."

„Mir bleibt also nichts anderes mehr übrig, als eine andere Gemeinde zu suchen, wo der Pastor mich versteht und akzeptiert."

„Schön, schrei mich an. Ich kann dir eh nichts recht machen."

„Wenn du mich verläßt, kann ich mich nur noch umbringen. Ich kann ohne dich nicht leben."

Auch wenn jemand schmollt, vor sich hinbrütet oder sich in verärgertes Schweigen zurückzieht, spielt er häufig Theater, um den anderen zu manipulieren. „Was ist los, Schatz?" – „Nichts" (Seufzen ...). Auch jemand anderen absichtlich zu verunsichern, ist Manipulation. So zum Beispiel, wenn ein Ehemann seiner Frau damit droht, die Beziehung zu beenden, wenn er weiß, daß seine Frau panische Angst davor hat, im Stich gelassen zu werden. Oder wenn ein Mann, der weiß, daß seine Frau bezüglich ihres Gewichtes empfindlich ist, trotzdem dauernd Bemerkungen darüber macht, wie attraktiv andere Frauen im Vergleich zu ihr aussehen. Man kann seinen Partner auch manipulieren, indem man seine Freundschaften zu anderen Menschen unterminiert. Gewöhnlich geschieht das so: Man gibt zu verstehen, wie komisch man es findet, daß der Partner zu „solchen Leuten" Freundschaft halten will. Läßt sich der Partner davon nicht beeinflussen, bringt man ihn vor seinen Freunden so in Verlegenheit, daß er sich zu sehr schämt, um sich noch einmal mit ihnen zu treffen.

Opfer spielen. Beziehungsabhängige scheinen einerseits sehr stark zu sein und stets alles unter Kontrolle halten zu können und verstehen es andererseits, bei jeder passenden und unpassenden Gelegenheit in die Rolle des Opfers zu schlüpfen. Einmal haben sie die Lösung für alle Probleme der Welt parat, aber ein andermal erscheinen sie vollkommen hilflos und abhängig. Sie sind „Alles- oder Nichts"-Menschen. „Entweder bin ich imstande, alles zu kontrollieren oder ich kann überhaupt nichts zuwege bringen." So können Beziehungsabhängige, wann immer es gelegen erscheint, blitzartig vom Supermenschen zum Opfer umschalten. Sie sind Experten darin, Probleme zu schaffen oder zu übertreiben, um sich Sympathie, Aufmerksamkeit oder Hilfe zu verschaffen. Dabei läßt sich beobachten, daß sie ironischerweise wirklich echte Hilfe ablehnen, weil das ja das Ende ihres beziehungsabhängigen Verhaltens bedeuten würde. So kommt es, daß viele beziehungsabhängige Frauen Hilfe suchen, um aus einer unguten Beziehung herauszukommen, nur um dann dem Nächstbesten, der ihnen über den Weg läuft, sofort wieder in die Arme zu sinken.

Christine ist in den letzten fünfundzwanzig Jahren dreimal verheiratet gewesen. Einer ihrer Ehemänner war ein Misogyn (krankhafter Frauenfeind), und die beiden andern waren alkoholabhängig. Als sie in die Therapie kam, war sie gerade dabei, die Beziehung zu einem Mann abzubrechen, der ebenfalls alkoholabhängig war. In dieser Zeit übergab Christine ihr Leben Jesus Christus. Sie besuchte eine Selbsthilfegruppe für Angehörige von Alkoholkranken und kam weiterhin regelmäßig in die Therapiestunden. Es gelang ihr schließlich, die Beziehung endgültig zu beenden. Sechs Monate lang ging alles gut. Sie nahm am Gemeindeleben teil, an Selbsthilfegruppen, Freizeiten und Therapiesitzungen. Als es Weihnachten wurde, fühlte sie sich plötzlich elend: ihre Kinder alle fort, sie zum ersten Mal allein. Trotz einiger guter Kontakte zu anderen Frauen aus der Gemeinde hatte Christine vergessen, für diese Zeit der Einsamkeit Vorsorge zu treffen. Da tauchte Jan auf – ein ehemaliger Alkoholiker, Frauenfeind und Krimineller. Jan war vor einigen Jahren mit Christines Schwester befreundet gewesen, aber Christine hatte ihn da nur flüchtig kennengelernt. Doch jetzt begegneten sie und Jan sich ziemlich oft, weil sie gemeinsam in einer karitativen Stiftung arbeiteten. Ehe Christine sich versah, hatte sie sich in Jan verliebt und wurde von ihm bedrängt, ihn zu heiraten! Sie wußte ganz klar, daß sie ihn eigentlich gar nicht heiraten wollte. Aber wie hätte sie die Beziehung abbrechen können? Das hätte ihn doch verletzt! Wieder einmal spielte sie das Opfer.

Zusammenfassung

Wir haben gesehen, daß sich Beziehungsabhängigkeit in vier Verhaltensweisen äußert: 1. irrigen Überzeugungen und widersinnigen emotionalen Reaktionen; 2. der Übertragung verkehrter Verhaltensmuster aus der Vergangenheit in die Gegenwart; 3. geistlichem Ungehorsam und 4. Manipulation. Im nächsten Kapitel wollen wir herausarbeiten, wie man von Beziehungsabhängigkeit geheilt werden kann.

95

Kapitel 7
Den Teufelskreis der Beziehungsabhängigkeit durchbrechen

Heilung ist ein großes Wort. Und doch gibt es Heilung von der Beziehungsabhängigkeit. Das ist allerdings nicht leicht. Und es geht auch nicht schnell. Jede Heilung dauert ihre Zeit. Und die Heilung von der Beziehungsabhängigkeit bleibt ein lebenslanger Prozeß. Beziehungsabhängige werden zwar nie absolut geheilt sein, weil bestimmte Gewohnheiten tief eingeschliffen sind und vieles, was anfällig macht, immer vorhanden bleibt. Und doch gibt es Heilung im Sinne einer wesentlichen Besserung. Völlige Heilung werden wir erst in Gottes neuer Welt erleben. Doch im Vertrauen auf Gott, mit täglicher Disziplin und der Hilfe von „Mitstreitern" auf dem Weg der Genesung kann sich die Heilung von der Beziehungsabhängigkeit zu einer Gewohnheit – zum Lebensstil entwickeln.

Welche Schritte muß jemand gehen, der diesen Lebensstil der fortschreitenden Heilung entwickeln will?

Dafür gibt es einen einfachen Plan, der auf biblischen Wahrheiten gründet und unzählige Menschen über viele Jahre begleitet hat. Er entstand während der Erweckungsbewegung, die durch die Wesley-Brüder im 18. Jahrhundert in England ausgelöst wurde. Charles und John Wesley scharten damals viele junge Christen um sich und studierten mit ihnen die Bibel, um eine Methode (daher nannte man sie später Methodisten) für geistliches Wachstum in ihrem Leben zu finden. Aus dem Plan oder der Methode, die sich dabei herauskristallisierte, entstanden später die Oxford Fellowship Principles (Oxforder Gemeinschaftsgrundsätze), die dann wiederum sehr viel später zur Grundlage für die zwölf Schritte der Anonymen Alkoholiker und anderer Selbsthilfegruppen wurden. Diese Schritte sind kein Programm, das von einer bestimmten religiösen Gruppe oder Gemeinschaft verantwortet und getragen wird, und sie können auch keiner bestimmten religiösen Richtung zugeordnet werden. Doch sie stehen durchaus im Einklang mit den geistlichen Überzeugungen christusglaubender Menschen.

Auf die Einstellung kommt es an

Mein Genesungsplan für Beziehungsabhängige, wie ich ihn im folgenden vorstelle, orientiert sich an diesem Programm. Welche Voraussetzungen braucht man nun, um es anzuwenden?

Als erstes möchte ich *Glauben* nennen, wobei sehr unterschiedliche Glaubensformen mit eingeschlossen sind. Mancher kennt und vertraut Jesus Christus als seinem Erlöser und Herrn. Andere glauben an Gott und vielleicht auch an Jesus, kennen aber keine persönliche Beziehung zu ihm. Wieder andere sind lediglich offen für Glaubensfragen. Sie fragen sich, ob Gott sich tatsächlich um sie kümmert, falls er überhaupt existiert. Trotz dieser verschiedenen Ausgangspunkte geht es bei jedem nur um dies eine: daß er Gott, so wie er ihn augenblicklich versteht, alles ausliefert, was ihm von sich selbst bewußt ist. Man braucht also nur ein winziges Saatkorn von Glauben, um seinen Genesungsweg anzutreten. Ich habe viele Menschen kennengelernt, die als Atheisten oder als Namenschristen diesen Weg begonnen haben und später zu einem tiefen Glauben an Jesus Christus gelangt sind.

Die zweite Voraussetzung betrifft die *innere Einstellung*. Dazu möchte ich sechs Punkte nennen.

1. Die Bereitschaft, sich seiner Beziehungsabhängigkeit zu stellen, sich damit auseinanderzusetzen und daran zu arbeiten. Dabei genügt es nicht, sich durch einschlägige Literatur ein bestimmtes Wissen anzueignen und auf Seminaren oder bei Vorträgen Informationen zur Sache zu sammeln. Zwar meinen viele Beziehungsabhängige, daß sie so die Lösung ihrer Probleme in die Hand bekommen. Aber leider funktioniert das nicht. Um innere Heilung in Gang zu bringen und voranzutreiben, muß man sich emotional mit seinem Schmerz auseinandersetzen. Dazu reicht nicht eine bloße verstandesmäßige Zustimmung. Es reicht auch nicht, nur mit dem Kopf zu nicken und ein paar Krokodilstränen zu vergießen, sondern es erfordert, die inneren Abwehrmechanismen einzureißen und die Gefühle an die Oberfläche kommen zu lassen. Viele brauchen die Hilfe eines professionellen Therapeuten, um diesen schmerzhaften Aufdeckungsprozeß auszuhalten.

Doch wer nicht wirklich seinen Mangel erkennt und daran leidet,

wird ihn nicht los. Viele sagen zwar, daß sie aus ihren alten krankmachenden Verhaltensmustern herauswollen, aber sie sind nicht
bereit, entsprechend zu handeln. Der Preis für die Befreiung aus
der Beziehungsabhängigkeit ist ihnen zu hoch. Vielleicht müßten
diese Menschen damit aufhören, ihre Märtyrerrolle zu spielen, sich
auf Arbeitssuche begeben, mit dem Selbstmitleid brechen oder auf
besondere Aufmerksamkeit und Fürsorge von anderen verzichten.
Doch wer gesund werden will, muß all das loslassen. Er muß einen
regelrechten Haß auf die alten krankmachenden Verhaltensmuster
entwickeln, um bereit zu werden, sie aufzugeben. Wer weiter an
seinen alten Mustern hängt, leidet wahrscheinlich noch nicht genug darunter.

2. Den Mut, sich auf eigene Bedürfnisse zu konzentrieren und
sie mit den Bedürfnissen anderer in Gleichgewicht zu bringen.
Es ist schwer und anfangs geradezu beängstigend, die lebenslange
Gewohnheit aufzugeben, sich nur auf andere zu konzentrieren.
Viele beziehungsabhängige Menschen haben keine Ahnung, wie
sie fühlen, was sie brauchen und wünschen. Wenn sie einmal an
sich selbst dachten, dann haben sie es gemäß ihrer Alles-oder-
Nichts-Einstellung gleich übertrieben. Sie wissen nicht, wie man
ausgewogen nehmen und geben kann. Sich da neu zu orientieren,
kann als sehr bedrohlich empfunden werden. Schon allein an sich
selbst zu denken, löst bei manchen Menschen schwere Schuldgefühle und Angstzustände aus, und deshalb erfordert es in der Tat
Mut, hier neue Verhaltensmuster einzuüben.

3. Die Bereitschaft, sich und anderen Grenzen zu setzen. Einzusehen, daß man sich Zeit für sich selbst nehmen sollte, und das
dann auch wirklich zu tun, ist oft zweierlei. Kürzlich hatte ich ein
längeres Gespräch mit einem Pastor, der eine Freizeit unter der
Thematik „innere Heilung" plante und dafür meinen Rat erbeten
hatte. Als wir uns verabschiedeten, fragte er mich, ob ich abschlie-
ßend noch einen Tip hätte, der ihm besonders helfen könne. Ich
sagte ihm, für mich persönlich sei es wichtig, während der Vorbe-
reitungen zu einem derartigen Einsatz feste Zeiten für das Gebet
und auch Ruhestunden einzuplanen, weil sich sonst Satan meine
Abgespanntheit zunutze machen könnte, um mich zu entmutigen
oder mir eine Niederlage beizubringen. Er sah mich hilflos an und

sagte: „Ja, das wäre für mich bestimmt auch gut. Aber ich bin bis Mitte Juni ausgebucht. Ich habe keinen einzigen Tag oder Abend mehr frei" – und dabei hatten wir gerade erst Anfang April!

Wir müssen bereit sein, uns selbst und andern, die unangemessene Forderungen an uns stellen, Grenzen zu setzen, und das dann auch wirklich tun. Manche Grenzen müssen wir auch neu überdenken und möglicherweise neu festlegen, besonders wo es darum geht, von anderen etwas anzunehmen. Beziehungsabhängige kennen oft keinerlei Grenzen, wenn es darum geht, anderen etwas zu geben. Doch wenn andere ihnen etwas geben wollen, schotten sie sich ab. Sie fühlen sich schuldig, wenn sie nicht ständig im Einsatz für andere sind. Und wenn sie etwas annehmen sollen, haben sie auch Schuldgefühle. Es gehört für sie zum Genesungsprozeß, das Gleichgewicht zwischen Geben und Nehmen zu finden.

4. Die richtige Einschätzung des Heilungsprozesses und die Geduld, ihn durchzustehen. Haben Sie sich schon einmal den Knöchel verstaucht und dann versucht, die Heilung zu beschleunigen? Kühn dachten Sie: „Ich brauche keine Krücken. Das ist nur etwas für Weichlinge!" Und schon lagen Sie wieder auf der Nase und hatten eine noch schlimmere Verstauchung als zuvor. Oder haben Sie nicht auch als Kind an einem Schorf gepult, bis sich alles schlimmer als vorher entzündet hatte? Sie dachten vielleicht, die Verletzung heile schneller, wenn Sie den Schorf abkratzen. Und siehe da, das Problem wurde um so größer!

Ähnliches gilt für die Genesung von Beziehungsabhängigkeit. Diese Genesung ist ein langwieriger Prozeß, und alle, die diesen beschwerlichen Weg zurückgelegt haben, warnen davor, vorwärtszupreschen und Schritte zu überspringen.

Ich hatte einmal einen Patienten, der gerade erst Christ geworden war. Er war alkoholabhängig gewesen und gerade ein Jahr trocken. Er erinnerte mich immer an einen Computer. Haargenau konnte er die richtigen Dinge sagen, aber seine Stimme blieb dabei monoton und emotionslos. Er hatte panische Angst davor, mit seinen Gefühlen in Berührung zu kommen. Er nahm sein Zwölf-Schritte-Arbeitsbuch und jagte durch das Programm bis zu Schritt vier. Bei diesem Schritt geht es darum, eine moralische Inventur des Lebens zu wagen. Urplötzlich saß er fest. Ich hatte das kommen sehen, wollte ihn diese Erfahrung aber selbst machen lassen. Nun erkannte er, daß er rein verstandesmäßig an seine Therapie herangegangen war. Endlich wurde er bereit, sich den Gefühlen zu stellen, die hinter seiner Depression lauerten, und sich selbst dabei nicht unter Zeit- und Erfolgsdruck zu stellen.

Genesung ist ein Prozeß, und wir müssen bereit sein, uns von Gott auf seine Weise – nicht auf unsere – hindurchführen zu lassen. Hier zeigt sich, daß Beziehungsabhängige sogar ihre Genesung kontrollieren wollen! In Jesaja 55,8 steht, daß Gottes Wege nicht unsere Wege sind. Das gilt ganz besonders auch in der Genesung. Und in Jeremia 17,9 ist zu lesen, daß unser Herz „trotzig" und „verzagt" ist, und daß wir uns nicht selbst ergründen können. Vers 10 sagt weiter, daß es Gott ist, der das Herz des Menschen ergründet. Wer sind wir also, daß wir Gott vorschreiben könnten, wie schnell oder wie langsam unsere Genesung fortzuschreiten hat? Wir stehen alle in der Gefahr, Gott vorzugreifen zu wollen und zu meinen, wir wüßten es besser. Still zu bleiben und auf Gottes Zeit zu warten, ist nicht immer leicht, aber unbedingt nötig.

5. Offenheit für ein tieferes geistliches Leben. Wenn die Grundsätze des Genesungsprogramms richtig verstanden und angewandt werden, führen sie zu größerer innerer Reife und zu geistlichem Wachstum. Dazu gehört Offenheit Gott gegenüber und der Mut, sich selbst so zu sehen, wie man wirklich ist. Offenheit ist mehr als ein Lippenbekenntnis. Wer zu echter Offenheit gelangen will, für den kann das Gebet aus Psalm 139, 23 eine Hilfe sein: „Erforsche mich, Gott, und erkenne mein Herz; prüfe mich, und erkenne, wie ich's meine." Wer lange Zeit seine Beziehungsprobleme ignoriert und geleugnet hat, braucht solche Hilfe.

Ihre Probleme zu leugnen, scheint für viele eine unverzichtbare Überlebensstrategie zu sein. Dieses Leugnen ist ein erlerntes, unglaublich listiges Verhaltensmuster. Man kann einerseits ganz bewußt die Realität leugnen, indem man himmelschreiend lügt, um gewisse Wahrheiten über sich selbst oder über jemand anderen zu vertuschen. Leugnen der Realität kann aber auch ein unbewußter Abwehrmechanismus sein, mit dem wir uns selbst etwas vormachen. Durch Leugnen können wir jede beliebige Tatsache vor unserem Geist und Verstand abblocken. Mit diesem raffinierten Trick schützen wir uns davor, die Konsequenzen unseres Verhaltens zu erkennen, weil wir unsere Verantwortung dafür einfach nicht anerkennen wollen.

Die Macht des Leugnens wird in dem Bericht des Neuen Testamentes von der Verleugnung Christi durch Petrus sehr anschaulich. Petrus fand es in dieser furchtbaren Stunde offensichtlich weniger schlimm, seinen Herrn zu verleugnen, als sich den Konsequenzen zu stellen, der Tatsache nämlich, daß er ein Jünger Jesu war. Die Angst davor, verachtet oder gar bestraft zu werden, war stärker als seine Liebe zu Jesus. Auch wir ziehen es oft vor, durch einfaches Ableugnen von Tatsachen unser Gesicht zu wahren, statt die Realität anzuerkennen und die Folgen für unser Handeln zu übernehmen. Wir finden es bequemer, unsere wahren Gefühle hinter einem aufopferungsvollen Einsatz für unsere Familie, unsere Kirche oder unseren Beruf zu verstecken. Wir halten uns selbst ständig in Trab und können so unsere Gefühle desto besser ignorieren. Mit anderen Worten: wir leugnen sie.

Auch offen zu sein für eine neue Vorstellung von Gott als dem guten Vater ist eine wichtige Voraussetzung für innere Heilung. Wie schon beschrieben, neigen wir dazu, Gott so zu sehen, wie wir unseren leiblichen Vater erlebt haben. Deshalb hat wohl jeder von uns ein mehr oder weniger verzerrtes Gottesbild und betet so nicht zum Gott der Bibel, der immer Zeit für uns hat, uns kennt und liebt, sondern zu einem „falschen" Gott. Wir müssen uns klarmachen, daß Gott anders ist als unsere leiblichen Väter. Bei vielen Menschen ist die negative Sicht von Gott jedoch so tief eingeprägt, daß es ihnen ungeheuer schwerfällt, Gott vertrauensvoll gegenüberzutreten und eine neue Erkenntnis über ihn aufzunehmen. Und damit fehlt ihnen unglücklicherweise auch eine wichtige Voraussetzung für ihre Genesung.

Zu dem neuen, tieferen geistlichen Leben gehört auch Dankbarkeit. Viele beziehungsabhängige Menschen sind schon so lange Zeit bitter, verletzt, traurig und deprimiert, daß sie die Dankbarkeit ganz vergessen haben, sofern sie überhaupt jemals dankbar gewesen sind. Statt Dankbarkeit kennen sie manchmal nur jenes Gefühl der Erleichterung, wenn jemand, der sie nicht mag, damit aufhört, sie mit Gemeinheiten zu quälen. Richtige, echte Dankbarkeit kennen viele von ihnen kaum. Aus ihrer Sicht gibt es nur sehr wenig, wofür sie dankbar sein können. Wem es so ergeht, der müßte bereit werden, seine Sicht vom Leben zu ändern und Dankbarkeit regelrecht zu kultivieren, auch wenn er sich überhaupt noch nicht dankbar fühlt. Die meisten Beziehungsabhängigen haben tief innen das Gefühl, daß Gott sie irgendwie benachteiligt hat. Deshalb fällt es ihnen schwer, sich ihm gegenüber zu öffnen, aber es ist unerläßlich.

6. Die Bereitschaft, Hilfe zu suchen und anzunehmen. Beziehungsabhängige sind oft Meister darin, anderen Menschen zu helfen. Selbst aber Hilfe anzunehmen, empfinden sie als demütigend. Sie sind schnell dabei, anderen zu sagen, was bei ihnen nicht stimmt und wie ihre Probleme gelöst werden könnten. Doch zuzugeben, daß sie selbst Hilfe brauchen, ist ihnen sehr unangenehm. Interessanterweise haben Ärzte, Pastoren und andere Menschen aus „Helferberufen" im allgemeinen große Schwierigkeiten in einer Therapie, weil sie ständig auf andere fixiert sind und dabei sich selbst leicht aus den Augen verlieren. Doch auch sie können eine Beziehungsabhängigkeit nicht ohne Hilfe von außen überwinden. Es ist zwar verlockend, schnell ein paar Bücher zu lesen, sich ein paar Kassetten anzuhören und dann ein paar Rezepte zu befolgen. Doch Kasetten und Bücher sind kein Ersatz für einen Therapeuten. Wer es um jeden Preis allein schaffen will, tut das gewöhnlich aus Scham über seine Beziehungsabhängigkeit und verfestigt damit seine Fehlhaltung noch mehr. Die Scham verschwindet und die Geheimnisse verlieren ihre Macht, wenn man sich zu seiner Abhängigkeit bekennt. Jakobus 5,16 unterstreicht das mit Nachdruck: Wenn wir einander unsere Sünden bekennen und füreinander beten, heißt es dort, dann werden wir gesund. Wir brauchen uns gegenseitig, und es ist wichtig, den Stolz auf sich selbst aufzugeben, indem man ihn bekennt.

Behandlung und Therapie

Die Begriffe „Therapie" und „Behandlung" werden meistens gleichbedeutend gebraucht. Ich tue das nicht, sondern gebrauche sie, um zwei unterschiedliche Phasen des Genesungsprozesses zu unterscheiden. Als „Behandlung" bezeichne ich Schritte, die jemandem dabei helfen sollen, in einen Genesungsprozeß einzusteigen. In der „Therapie", der zweiten Phase des Heilungsprozesses, geht es dann darum, sich mit den tiefwurzelnden Kernproblemen im emotionalen und geistlichen Leben auseinanderzusetzen, die Ursache der Abhängigkeit sind.

An den Genesungsphasen eines Alkoholkranken läßt sich das gut veranschaulichen. In der Behandlung geht es zuerst darum, daß der Alkoholabhängige einwilligt, auf sein Suchtmittel, den Alkohol, zu verzichten, daß er also „trocken" wird. Danach beginnt die Therapie, in der der Alkoholiker sich mit den Ursachen seiner Sucht befaßt und daran arbeitet. Vor dem Trockenwerden sind alle Energien des Patienten im Suchtprozeß gebunden und deshalb für die schwere Arbeit in der Therapie nicht verfügbar. Darum ist es zwecklos, eine Therapie zu beginnen, bevor dem Suchtprozeß nicht Einhalt geboten worden ist. Das ist ähnlich nutzlos, wie wenn ein Alkoholabhängiger frei werden möchte, aber mit dem Trinken nicht aufhören will.

Dasselbe gilt für Beziehungsabhängige. Sie bleiben solange auf ihre bestimmte Beziehung fixiert und versuchen, den anderen und / oder sich selbst zu ändern, damit „er mich liebt", bis ihr Suchtkreislauf durchbrochen ist. Solange das nicht geschehen ist, können sie nicht über den Schmerz des Augenblicks hinaussehen auf die zugrundeliegenden Ursachen. Beim ersten Schritt der Behandlung muß man sich also darauf konzentrieren, den Teufelskreis der Beziehungsabhängigkeit zu durchbrechen.

Allerdings überlappen sich die beiden Phasen des Genesungsprozesses, Behandlung und Therapie, in der Praxis häufig. Beispielsweise habe ich festgestellt, daß bei manchen Patienten mit Eßproblemen, die in ihrer Familie sexuell mißbraucht worden waren, das gestörte Eßverhalten direkt mit ihrem Inzesttrauma zu tun hatte. In solch einer Situation muß der Therapeut schon vorzeitig auf die tieferliegenden Probleme des Patienten eingehen, während er gleichzeitig versucht, ihm dabei zu helfen, das zwanghafte Eßverhalten zu beenden.

In der Behandlungsphase gibt es eine Reihe von Zwischenzielen.
● Das wichtigste Ziel ist, selbstzerstörerische Verhaltensweisen zu überwinden. Dazu brauchen Beziehungsabhängige Unterstützung und Anleitung. Manche beginnen diesen Prozeß mit Hilfe eines Mitarbeiters einer Selbsthilfegruppe, andere mit einem Pastor, der sich mit Beziehungsabhängigkeit auskennt, oder mit einem professionellen Therapeuten. In jedem Fall braucht der Betreffende Hilfe von außen, um seine beziehungsabhängigen Verhaltensmuster aufzugeben. Das gelingt nämlich nicht, indem man nur seine Zähne zusammenbeißt und schwört, damit aufzuhören.

● Weiter muß der Beziehungsabhängige erkennen, wie unkontrollierbar sein Leben durch sein Verhalten geworden ist und wie machtlos er ist, etwas daran zu ändern. Dabei geht es nicht nur um eine bloße verstandesmäßige Erkenntnis, sondern um eine tiefgreifende Auseinandersetzung mit den emotionalen Verlusten, der Hilflosigkeit und der Zwanghaftigkeit der Störung. Der Patient muß erfassen, wie seine zwanghaften Verhaltensmuster sich auf alle Beziehungen und alle Gebiete seines Lebens auswirken. Dazu gehört auch die Einsicht in die Zusammenhänge zwischen seinen unterschwelligen Emotionen und bestimmten beziehungsabhängigen Verhaltensweisen. Außerdem wird sich der Patient während der Behandlung mit seiner Scham, mit Selbstvorwürfen und mit den Auswirkungen dieser Gefühle auf sein Leben auseinandersetzen müssen.

Als weitere Schritte sind zu nennen:
● Der Patient soll ein neues Selbstverständnis gewinnen, indem er die Verantwortung für jedes Lebensgebiet selbst übernimmt.
● Er soll durch die Beziehung zu Jesus Christus fähig werden, eine tiefere Bindung an Gott einzugehen und ihm seinen Willen und sein Leben auszuliefern.
● Er soll eine aufrichtige innere Inventur wagen, sein Verhalten, seine Gedanken, Überzeugungen und Gefühle ehrlich überprüfen.
● Er soll lernen, sich auch in schlimmen sozialen Umständen oder Familienverhältnissen zu schützen, indem er angemessene Grenzen setzt.

● Er soll beginnen, persönliche Bedürfnisse als wichtige Bestandteile eines ausgeglichenen und gesunden Lebensstils zu akzeptieren.

● Er soll lernen, ein Gleichgewicht zwischen Nehmen und Geben zu schaffen. Das setzt voraus, daß er einerseits Fürsorge von anderen annimmt, aber auch für sich selbst sorgt.

● Er soll enge, vertraute Beziehungen in seiner Familie und in seinem Freundeskreis oder seiner Selbsthilfegruppe anknüpfen und pflegen.

● Er soll mit Unterstützung des Therapeuten einen klar umrissenen Genesungsplan entwickeln, der Therapie, Änderungen im Lebensstil, berufliches Fortkommen und Vorsorgemaßnahmen für Rückfälle einschließt.

Ziele der Therapie

Wenn ein Patient seinem Suchtverhalten nicht mehr ausgeliefert ist und er in seiner Genesung gut vorankommt, werden seine inneren Kräfte nicht mehr durch sein Fehlverhalten aufgezehrt. Jetzt ist er bereit und fähig, sich eingehender mit den Problemen zu befassen, die seiner Sucht zugrunde liegen. Die Therapie kann beginnen. Die Therapiephase ist nicht so stark strukturiert wie die Behandlungsphase, hat aber auch zum Ziel, neue Fähigkeiten und Verhaltensmuster zu entwickeln. Der Schwerpunkt wird hauptsächlich bei Problemen der familiären und sozialen Herkunft, bei Beziehungsproblemen, bei emotionalen Schwierigkeiten und der inneren Heilung liegen.

Zu den Therapiezielen gehört:

● An einem Lebensstil ohne beziehungsabhängige Verhaltensmuster festzuhalten.

● Wachsende Ausgeglichenheit (siehe Schautafel 8).

● Erlernen neuer Verhaltensmuster zur besseren Lebensbewältigung.

● Wachsende geistliche Reife / Gemeinschaftsfähigkeit / Zusammengehörigkeit.

● Loslösung von allen zerstörerischen Auffassungen der Herkunftsfamilie.

Schautafel 8: Abhängigkeitsskala		
Abhängig	**Ausgeglichen**	**Anti-abhängig**
Bedürftig	Intimität	„Ich bin ein uner-
Märtyrer/Opfer	Nähe	schütterlicher Fels, eine Insel"
Kontrollverlangen	Zuneigung	Häufig arbeitssüchtig
Passiv	Gemeinschaftsfähig	„Ich brauche nie-
Geringe Selbstein- schätzung	Ausgewogenes Geben und Nehmen	mand"
Angst	Kameradschaftlich-	Geringe Selbstein- schätzung getarnt als:
Himmelhochjauch-	keit	• Prahlerei
zend – zu Tode betrübt	Heiterkeit	• starke emotionale Schwankungen
Zwanghaft		• Getriebensein
Übermäßig verant- wortlich		

Aspekte der Sucht

Jedes Behandlungsprogramm, ob es in einer Selbsthilfegruppe oder von professionellen Therapeuten durchgeführt wird, muß be- stimmte Aspekte des Suchtverhaltens einbeziehen.

Problemkreise

Dabei geht es um Fragen wie: Was treibt mich um und was bekom- me ich nicht in den Griff? Es geht aber auch um Rituale, Gefühle, Denk- und Verhaltensweisen. Wer Hilfe sucht, muß sicher sein, daß alle diese Problemkreise angesprochen werden.

Dazu kommen noch eine Reihe persönlicher Fragen, denen sich der Hilfesuchende stellen muß, und auch diese Fragen müssen aufgefangen werden. Nachstehend werden Problemkreise angesprochen, mit denen sich jeder, der Heilung sucht, gewissenhaft auseinandersetzen sollte.

Was treibt mich um? Wie sieht mein Suchtkreislauf aus? Was veranlaßt mich zu meinem beziehungsabhängigem Handeln? Was läuft in mir ab, wenn ich mein Suchtverhalten nach innen verlagere – wenn ich also ernsthaft versuche, meine zwanghaften, beziehungsabhängigen „Spielchen" zu unterlassen, mich aber noch genauso unter Druck fühle wie früher? Wie lange dauert ein typischer beziehungsabhängiger Handlungsablauf? Wie endet er? Wie kommt es, daß ich auf mein Suchtverhalten fixiert bleibe? Was bringt mir eine gewisse Beruhigung und wie lange dauert es, bis alles erneut anfängt? Welche Gedanken, Gefühle und Verhaltensweisen beschäftigen mich?

Rituale. Welche Rituale (stets wiederholte Verhaltensweisen und Handlungen) benutze ich, um in meiner Beziehungsabhängigkeit zu bleiben?

Verhaltensweisen. Welcher Verhaltensweisen bediene ich mich in meiner Beziehungsabhängigkeit? In welchem Ausmaß geschieht das? Welche Muster gebrauche ich immer wieder? Welche Auslöser lassen mich immer wieder beziehungsabhängig reagieren, auch wenn ich versuche, meine Beziehungsabhängigkeit zu kontrollieren (nach innen verlagertes Suchtverhalten)? Wieviel Zeit und Kraft brauche ich für die jeweilige Spielart?

Was bekomme ich nicht in den Griff? Was gerät bei mir immer wieder außer Kontrolle? Welche Nachteile habe ich wegen meiner Beziehungsabhängigkeit? Inwiefern hat meine Beziehungsabhängigkeit mein Leben beeinflußt? Meine Finanzen? Wieviel Zeit vergeude ich damit, meinen Ehepartner oder mein Kind zu ändern – oder davon zu träumen, daß ich sie ändern könnte? Welche gesundheitlichen Folgen hat meine Beziehungsabhängigkeit mit sich gebracht? Wie beeinflußt sie meine Gefühle und mein geistliches Leben? Welche sonstigen zwanghaften Verhaltensweisen haben sich in meinem Leben entwickelt?

Gefühle. Welche unterschwelligen Gefühle „befriedige" ich, wenn ich in der Beziehungsabhängigkeit verharre? Bin ich depressiv? Habe ich Angst? Kommen mir Selbstmordgedanken? Kenne ich Phasen übersteigerten Hochgefühls? **Denken.** Habe ich psychotische oder paranoide Gedankenmuster? (Zu psychotischen Gedankenmustern gehören Halluzinationen, Wahnvorstellungen, Stimmenhören, verwirrtes Sprechen und Denken. Paranoid denkt, wer meint, daß alle gegen ihn sind, ihm schaden, ihn lächerlich machen oder besondere Aufmerksamkeit auf ihn lenken wollen.) Welche Erklärungen benutze ich, um in der Sucht nach einer Person oder nach einem Erlebnis zu verharren? Was ist das Kernproblem bei meinen süchtigmachenden Überzeugungen? In welcher Beziehung ist mein Denken verzerrt? Welche Verteidigungsmechanismen benutze ich? Auf welche Weise leugne ich die Realität? Welche Ereignisse oder Lebensbedingungen haben meine Überzeugungen geprägt?

Diese Fragen sind deshalb so wichtig, weil jeder, der gerade mit der Behandlung beginnt, seine Probleme, wenn auch meistens unbewußt, noch immer leugnet. Wenn man sich aber diesen Fragen stellt, kann das Leugnen durchbrochen werden. In jeder Phase der Behandlung muß ein bestimmter Bereich abgedeckt werden.

Phasen der Behandlung

Ich möchte meine Ausführungen nun unter den folgenden sechs Punkten zusammenfassen:
Zwänge. Hier zeigt der Therapeut, welche inneren Zwänge die Beziehungsabhängigkeit aufrecht erhalten. Der Therapeut erklärt, wie der Patient von seiner „süchtigen Persönlichkeit" umschalten kann auf die „gesunde Persönlichkeit". Das hilft dem Betreffenden, sich von seinem beziehungsabhängigen Persönlichkeitsanteil zu distanzieren. Man kann es sein „süchtiges" oder sein „beziehungsabhängiges" Ich nennen oder auch andere Ausdrucksweisen gebrauchen, um dem Betroffenen zu helfen, sich von sich selbst zu distanzieren, zumindest ein bißchen. Viele Therapeuten erklären es den Patienten auch so, daß ihre Persönlichkeit immer dann, wenn sie wieder ins altgewohnte Raster verfällt, sozusagen einen

andern Gang einlegt, daß sie wieder auf das Suchtverhalten umschaltet. In vielen Selbsthilfegruppen sagt man: „Da spricht wieder meine Krankheit." Diese Technik hilft dem Betroffenen zu erkennen, daß er stets die Wahl hat, zu den alten Mustern auch nein zu sagen.

In diesem Prozeß braucht der Patient Hilfe, um den „Verlust" seiner süchtigmachenden Gewohnheiten „betrauern" zu können. Robin Norwood schreibt in ihrem Buch „Wenn Frauen zu sehr lieben", daß sich manche Menschen „ohne ihren gewohnten Pegel an Aufregung verwirrt, nervös und unbeholfen" fühlen. Sie vermissen das Chaos tatsächlich. Das Loslassen tut weh, und sie dürfen und müssen ihren Verlust eine Zeitlang betrauern. Viele Beziehungsabhängige haben in ihren zwischenmenschlichen Beziehungen nichts als Chaos erlebt, und eine Veränderung dieser Umstände kann für sie ziemlich beängstigend sein.

Außerdem müssen die Patienten neu lernen, mit ihrer Angst umzugehen. In der Vergangenheit haben sie sich beziehungsabhängig verhalten, um ihre Ängste zu ersticken. Jetzt brauchen sie neue Methoden wie z. B. Meditation über Bibelworte, Tagebuchschreiben oder Entspannungsübungen. Der nächste Schritt soll dann dem Patienten helfen, sich persönlich bewußt zu werden, wo seine Grenzen sind und wo er verwundbar ist. Ganz gleich, wie schwach sich Beziehungsabhängige fühlen, sie verlangen ständig viel zuviel von sich. Als eingefleischte Perfektionisten machen sie schwere Zeiten durch, bis sie ihre persönliche Fehlbarkeit ohne irrationale Selbstvorwürfe akzeptieren können.

Rituale. Zuerst müssen die alten Rituale durchbrochen und anschließend durch neue ersetzt werden. Da hat zum Beispiel jemand in der Vergangenheit, immer wenn er sich unsicher fühlte, demjenigen, von dem er abhängig war, Geschenke gemacht. Statt dessen könnte der Patient jetzt das Gespräch mit einem Freund oder Seelsorger suchen, wenn er in Angst gerät. Der Patient sollte auch ermutigt werden, an Selbsthilfegruppen teilzunehmen, Gedanken und Gefühle in einem Tagebuch festzuhalten und sich mit Büchern zu befassen, die ihm helfen, sein inneres Wachstum zu fördern. Jeder Fortschritt in diesem Wandlungsprozeß soll gebührend gewürdigt und symbolisch gefeiert werden, beispielsweise indem der Patient sich selbst einen Wunsch erfüllt oder indem in der Selbsthilfegruppe davon berichtet wird.

Verhaltensweisen. Hier geht es darum, daß der Betreffende seine beziehungsabhängigen Verhaltensformen nach und nach ablegt. Dabei hilft dem Patienten, wenn er mit dem Therapeuten klare Vereinbarungen trifft über den jeweils nächsten Schritt. So kann er schrittweise neues Verhalten einüben, bis er schließlich „sauber" bleibt von beziehungsabhängigem Verhalten, so wie ein Drogensüchtiger von seinem Suchtmittel „sauber" bleiben muß.

Markus und seine Frau Lisa haben sich voneinander entfremdet. Deshalb bittet sie ihn, daß sie sich für sechs Wochen trennen und während dieser Zeit keinerlei Kontakt miteinander haben. Trotzdem ruft Markus in den letzten beiden Wochen, wenn er sich einsam fühlt oder über ihre Beziehung traurig ist, seine Frau an. Jetzt soll er sich seinem Therapeuten gegenüber verpflichten, Lisa nicht mehr anzurufen, sondern statt dessen einen guten Freund. So erfährt er Unterstützung und Trost, wenn er sich einsam fühlt, und respektiert trotzdem den „Zeitvertrag" mit seiner Frau.

Ohnmacht. In diesem Stadium muß dem Patienten klarwerden, daß er seine Beziehung zum Partner durch seine alten, beziehungsabhängigen Praktiken trotz aller Mühe nicht in den Griff bekommen hat. Jetzt geht es darum, das alte Beziehungssystem mit einer neuen Strategie zu durchbrechen. Die alte Strategie bestand aus beziehungsabhängigen Verhaltensmustern, die der Abhängige ohne den geringsten Erfolg wieder und wieder eingesetzt hat, um bei sich oder jemand anderem bestimmte Handlungsweisen zu ändern.

Beispielsweise weiß Michael ganz genau, daß es überhaupt nichts nützt, wenn er an seiner magersüchtigen Frau Katrin herumnörgelt und sie zum Essen drängt. Trotzdem behält er das in schöner Regelmäßigkeit bei. Katrin ist jedesmal verärgert. Sie haßt es, von ihrem Mann so kontrolliert zu werden, und rächt sich dann an ihm, indem sie noch weniger ißt. Dieser fruchtlose Kreislauf wiederholt sich endlos und wird immer beängstigender. Eine „neue Strategie" wäre etwas, das diesen Verhaltenskreislauf zwischen Michael und Katrin durchbricht. Diese „neue Strategie" steht im Gegensatz zu dem bisherigen Verhalten. Michael könnte zum Beispiel, statt an Katrin herumzumeckern, ihre Eßgewohnheiten jetzt einfach ignorieren. Er ißt in Zukunft für sich allein und sucht eine Selbsthilfegruppe für Familienangehörige und Freunde von Leuten mit Eßstörungen. Im Mittelpunkt von Michaels Bemühungen steht dann sein eigenes Verhalten. Er will in Zukunft an dem arbeiten, was er in ihrer Beziehung ändern kann – nämlich sich selbst, statt ändern zu wollen, was er nicht beeinflussen kann: Katrin und ihre Eßgewohnheiten. Katrin hat dann keinen Grund mehr, Michael etwas übelzunehmen, und sie braucht sich nicht mehr zu rächen. Der alte Verhaltenskreislauf ist durchbrochen.

Jesus hat manche Wahrheiten dadurch deutlich gemacht, daß er sich scheinbar widersprechende Aussagen gebrauchte. So sagte er zum Beispiel einmal, man müsse „sein Leben verlieren, um es zu finden". Beziehungsabhängige möchten an ihren alten Strategien festhalten, um das Leben zu gewinnen. Jesus rät dagegen zu einer neuen Strategie: sein Leben zu verlieren, um es zu gewinnen. Sein Leben verlieren heißt in diesem Fall, zuzugeben, daß man „machtlos" ist, sein Leben nicht regeln kann und die Illusion aufgibt, alles kontrollieren und schaffen zu können. Erst dann werden wir erfülltes, sinnvolles Leben erlangen.

Wenn ein Beziehungsabhängiger im Laufe seines Genesungsprozesses erneut anfängt, bestimmte Realitäten zu leugnen, müssen wir ihm wieder dabei helfen, mit seinen Gefühlen und Gedanken ehrlich umzugehen. Wir helfen ihm, sich seine menschlichen Unvollkommenheiten einzugestehen und zu akzeptieren, daß er Hilfe von andern braucht. Wir ermutigen ihn nochmals, Hilfe von Gott anzunehmen, und wir helfen ihm, bei seinem Genesungsprozeß Rückfälle einzukalkulieren.

Gefühle. Im Verlauf seiner Behandlung entdeckt und durchlebt der Beziehungsabhängige viele nie gekannte Gefühle. Sie lassen den bisherigen Kreislauf zwanghaften Verhaltens nicht mehr zu. In der Vergangenheit hatte dieser Kreislauf verhindert, daß die tatsächlichen Gefühle hervorkommen konnten. Was nun alles hochkommt, wird oft sehr intensiv und schmerzlich erlebt. Manchmal muß dann ein Arzt oder Psychiater zu Rate gezogen werden, damit der Patient während einer eventuell eintretenden Depression durch Medikamente und/oder stationäre Behandlung gestützt wird. Der Therapeut sollte dem Patienten klarmachen, wie seine Gefühle durch seine Gedanken, Überzeugungen und inneren „Selbstgespräche" aufgewühlt werden. Er sollte ihm auch dabei helfen, Kriterien zu entwickeln, nach denen er seine Denkgewohnheiten und Überzeugungen werten kann. Die Rolle von Scham und Schuld im Genesungsprozeß ist zu erklären, und Strategien zum Überwinden von Rückfällen müssen mit dem Patienten eingeübt werden.

Denkmuster. Hier bestehen meist massive Verteidigungsmechanismen. Wird man damit konfrontiert, muß mit dem Patienten daran gearbeitet werden, daß er seine Situation annimmt, sich seinem verdrehten Denken stellt und die Realität anzusehen lernt. Bestimmte Aufgaben, z. B. eine Liste seiner „geheimsten Geheimnisse" aufzustellen, können dem Patienten helfen, mit der Scham fertig zu werden, die er mit sich herumträgt. –

Der geschilderte Prozeß muß nicht immer in dieser Reihenfolge verlaufen. Es kann auch Überschneidungen geben. Wichtig ist aber, daß alle diese Gebiete behandelt werden.

Therapeutische Hilfe

Wenn in der *Behandlung* die verschiedenen Aspekte der Sucht (Zwänge, Rituale, Verhaltensweisen, Ohnmacht, Gefühle und Denkmuster) durchgesprochen worden sind, kann die *Therapie* beginnen. Es gibt nämlich eine ganze Reihe von Aspekten süchtigen Verhaltens, die therapeutisch angegangen werden müssen.

So haben z. B. Abhängige wegen ihres zwanghaften Verhaltens oft Jahre ihres Lebens vertan und Beziehungen zu Freunden und Verwandten verloren, ihr Selbstwertgefühl eingebüßt und dazu oft noch viel Geld, ihre Ausbildungsmöglichkeiten, den Arbeitsplatz und ihre berufliche Karriere vertan. Viele durch ihr Suchtverhalten bedingte schmerzhafte Erfahrungen sind nun zu bewältigen.

Ziel der Therapie ist, daß der Abhängige sein Leben neu sieht und seine Beziehungen zu anderen Menschen systematisch durchgeht, um sie neu zu gestalten und Verlorenes im Leben zurückzugewinnen. Es gibt viele Verluste im Leben des Patienten, die in der Therapie aufgegriffen und gründlich aufgearbeitet werden müssen.

In diesem Teil des Genesungsprozesses soll der Beziehungsabhängige herausfinden, welchen Anteil an seinen Problemen er sich selbst zuzuschreiben und welchen Einfluß seine Herkunftsfamilie gehabt hat. Dabei geht es nicht darum, sich selbst oder andere mit Schuld zu überhäufen. Ziel ist, daß der Abhängige sich seinem Schmerz stellt und dann sich und anderen vergeben kann. Es ist wichtig, dabei einen Therapeuten zur Seite zu haben, der diesen Prozeß versteht und christliche Grundsätze mit einbezieht.

Ein weiteres wichtiges Gebiet in der Therapie ist, die Wurzeln der Sucht zu heilen: Scham und Angst vor dem Verlassenwerden. Zwar kann kein Mensch, solange er lebt und solange Jesus noch nicht wiedergekommen ist, von allen inneren Verletzungen geheilt und von jedem Problem befreit werden. Doch ist schon jetzt ganz entscheidende Heilung möglich. Gottes Verheißungen gelten schon jetzt, und er will schon jetzt mit seiner Macht in unser Leben hineinwirken. Deshalb hat christliche Therapie immer die innere Heilung zum Ziel, sowohl psychologisch wie geistlich. Die verschiedenen Schritte, die zu gehen sind, um die Scham und die Angst vor dem Verlassenwerden zu heilen, sind in Schautafel 9 zusammengestellt. Diese Schritte müssen nicht unbedingt in einer bestimmtem Reihenfolge gegangen werden. Auch müssen nicht unbedingt die „inneren" Schritte vor den „äußeren" vollzogen werden. Jeder Mensch ist anders und deshalb muß der Therapeut sehr sensibel sein, wenn er jemanden bei diesen Schritten begleitet. Diese Tabelle kann von dem Beziehungsabhängigen auch als eine Art Checkliste benutzt werden, an der er Fortschritte in seiner Therapie feststellen kann.

Der Heilungsprozeß

Die Heilung der unterschwelligen Scham und der Angst vor dem Verlassenwerden ist für den Genesungsprozeß grundlegend wichtig. Der Patient durchläuft dabei einen Prozeß, in dem er gewissermaßen seine Kindheit nochmals durchlebt. In dieser schwierigen Phase muß meist ein Therapeut oder Seelsorger den Beziehungsabhängigen begleiten und beraten. Zu dieser Arbeit an sich

Schautafel 9:
Heilung von Scham und Verlassenheitsangst

Die innere Einstellung betreffend	Das äußere Verhalten betreffend
Fassen Sie den Entschluß, sich nicht mehr zu schämen. Verpflichten Sie sich, Ihre Geheimnisse aufzudecken. Geben Sie alte Muster der Selbstbezichtigung auf.	Sprechen Sie über Ihre Geheimnisse, Ihre Tabus. – Erstellen Sie eine Liste Ihrer größten Geheimnisse. – Sprechen Sie darüber mit einem guten Freund. – Besuchen Sie eine Selbsthilfegruppe. – Suchen Sie Kontakt zu einem Seelsorger und/oder einem Therapeuten.
Ändern Sie Einstellungen im Blick auf: – sich selbst – andere Menschen – Gott – bestimmte Situationen	Handeln Sie positiv: – Agieren Sie, statt zu reagieren. – Machen Sie sich Ihr Denken und Fühlen bewußt. – Achten Sie auf das, was Sie sagen und was Sie dabei fühlen. – Sagen Sie zuerst, was Sie brauchen, und stellen Sie erst danach Ihre Fragen.
Werden Sie lebendig, entwickeln Sie Bewußtsein und Bewußtheit, weigern Sie sich, „bloß zu funktionieren".	Achten Sie auf Ihren Körper: Wie sieht er aus, wie fühlen, riechen, sprechen, sitzen Sie? Achten Sie auf Ihre Gefühle und Gedanken. Machen Sie sich positive Dinge in Ihrem Umfeld bewußt; schreiben Sie jeden Tag bis fünfzehn positive Punkte auf. Achten Sie auf ihre Umgebung. Führen Sie ein Tagebuch.
Entschließen Sie sich, sich selbst so zu akzeptieren, wie Sie sind. – Brechen Sie mit dem Perfektionismus. – Erlauben Sie sich, nur ein unvollkommener Mensch zu sein. – Vergeben Sie sich Ihr Versagen.	Handeln Sie liebevoll gegen sich selbst, indem Sie – sich Interesse an anderen Dingen gestatten – gelassen mit Ihren Aufgaben umgehen – ruhen, entspannen, Spaß haben – Ihre Bedürfnisse auf gesunde Weise befriedigen – einen ausgewogenen Lebensstil entwickeln – sich selbst bemuttern.
Verpflichten Sie sich, immer für Ihr „inneres Kind" dazusein.	Suchen Sie ein Foto von sich selbst heraus, auf dem Sie jünger als fünf Jahre alt sind. Rahmen Sie es ein und stellen Sie es an einer Stelle auf, wo Sie es oft sehen. Sprechen Sie regelmäßig mit diesem Kind, das Sie einmal waren, und versichern Sie ihm, immer für es dazusein.
Gebrauchen Sie Ihren Willen dazu, sich selbst zu schützen, sich zu helfen, sich zu lieben, sich zu vergeben und sich auf gesunde Weise anzunehmen.	Unterbrechen Sie sich selbst, wenn Sie in alte Denkmuster verfallen. – Entwickeln Sie neue Selbstgespräche und gesunde Abwehrtechniken, um damit alte Muster von Haß auf sich selbst, Unversöhnlichkeit und Selbstablehnung zu verändern.
Entschließen Sie sich, alle Hilfsmöglichkeiten zu nutzen, die in Ihnen liegen und die Ihnen von anderen zur Verfügung stehen. – Vertrauen Sie sich Jesus Christus an, Ihrem mächtigsten Helfer.	Listen Sie Ihre Hilfsquellen auf. Als Beispiele: Jesus Christus, Gottes Wort, die Gemeinde, der beste Freund, Verwandte, Gaben und Frucht des Heiligen Geistes, Gebet, Meditation, Fasten, Singen, Beratung, Schule, Arbeit, beruflicher Erfolg, Geschwister, Bekannte, die Selbsthilfegruppe usw.

selbst gehören eine Reihe wichtiger Wachstumsschritte. Vier dieser Schritte möchte ich hier beschreiben.

1. Ehrlich sein. Der erste Schritt ist rückhaltlose Ehrlichkeit. Jeder neigt dazu, statt der eigenen Fehler eher das zu sehen, was beim andern nicht stimmt. Beziehungsabhängige sind fast ausschließlich auf andere Menschen fixiert. Deshalb fällt es ihnen oft schwer, zur Selbstprüfung umzuschwenken. Oft sind diese Menschen gebraucht, mißbraucht, vernachlässigt oder entwürdigt worden, und sie fühlen sich deshalb verletzt oder sind verbittert. Sie haben tatsächlich viel Schweres erlitten. Deshalb sehen sie sich selbst als Opfer widriger Umstände und lehnen es ab, sich mit ihrem eigenen Fehlverhalten zu befassen. Doch wenn sie frei werden wollen, müssen sie bereit sein, sich ehrlich einzugestehen, inwieweit ihr eigenes Abhängigkeitsverhalten über ihre Ehe bzw. Partnerschaft hinaus auch ihre Beziehungen zu anderen beeinflußt hat. Mancher ist durchaus bereit zuzugeben, daß er von seinem Ehepartner oder seinem Freund bzw. seiner Freundin abhängig ist. Doch er will nicht einsehen, daß er sich auch seinem Chef, seinen Eltern, den Kindern oder den Freunden gegenüber beziehungsabhängig verhält. Rückhaltlose Ehrlichkeit erfordert viel Mut, weil der gesamte, über viele Jahre eingeschliffene Lebensstil umgestellt werden muß. Oft verschleiern Scham und Verlegenheit das ganze Ausmaß der Beziehungsabhängigkeit.

Eine Frau erzählte mir, wie überrascht sie war, als sie in der Therapie feststellte, daß auch ihre Beziehung zu andern Frauen ausschließlich auf Fürsorglichkeit gründete. Sie sagte: „Wenn ich nicht entweder den anderen half oder selbst umhegt wurde, gab es keine Brücke zueinander." Umsorgen und umsorgt zu werden war die einzige Form, in der sie mit andern Menschen in Verbindung treten konnte. Für viele Beziehungsabhängige ist es zuerst einmal sehr schwierig, so ehrlich zu sein wie diese Frau.

2. Das kleine Kind in sich erkennen. Der zweite wichtige Wachstumsschritt im Genesungsprozeß ist der Mut, das kleine Kind in sich anzuerkennen, es zu lieben und ihm zuzuhören. Wenn jemand aus gestörten Familienverhältnissen kommt und als kleines Kind – aus welchen Gründen auch immer – nicht das bekommen hat, was er brauchte, dann ist es, als habe ein Teil von ihm aufgehört zu wachsen. Er ist innerlich erstarrt und in seiner emotionalen Entwicklung in dem Alter stehengeblieben, bei zwei oder drei oder fünf Jahren, in dem der Schmerz für ihn nicht mehr zu ertragen war. Normalerweise wird unser kindlicher Teil in eine stabile, heile Persönlichkeit integriert. Für diese Menschen jedoch ist jenes Kind entweder eine vergessene Gestalt, die im Chaos der frühen Jahre untergegangen ist, oder es hat sich zu einem übergroßen Fratz entwickelt, der alles sabotiert, was die erwachsene Person erreichen möchte. Bei vielen Menschen schwankt ihr „inneres Kind", wie ich diesen Teil von uns einmal nennen möchte, zwischen diesen beiden Extremen: in einem Augenblick ist es das mißbrauchte, erschütterte, verletzte Opfer und im nächsten Augenblick der Tyrann, der alles zu beherrschen versucht. Statt „zu werden wie die Kinder", sind diese Menschen kindisch geworden. Manche beziehungsabhängige Menschen sind sich ihres eigenen inneren Kindes lebhaft bewußt und verbinden es gedanklich mit allem, was schwach, verachtet, schlecht und wertlos ist. Sie hassen das Kind, das sie früher gewesen sind. Andere sind sich nicht einmal der beiden Rollen – Opfer oder Tyrann – ihres inneren Kindes bewußt.

Wer als Kind von seinen Eltern nicht so umsorgt wurde, wie er es brauchte, konnte nicht lernen, wie kindliche Qualitäten in gesundes, ausgewogenes Erwachsenenverhalten integriert werden können und wie der kindliche Persönlichkeitsanteil ohne Selbsthaß oder Gewaltsamkeit zur Disziplin erzogen werden kann. Diese Menschen brauchen viel Mut, um sich ihrem inneren Kind zu stellen und ihm im Nachhinein elterliche Fürsorge zukommen zu lassen.

3. Vergeben. Der dritte Wachstumsschritt ist die Bereitschaft, sich dem Schmerz aus der Vergangenheit zu stellen und allen zu vergeben, die einen verletzt haben. Zwar kann nur Gott allein vollkommen vergeben, doch bleibt Vergebung trotzdem die Grundlage für alle Heilung. Viele Beziehungsabhängige nehmen zu Beginn ihres Genesungsprozesses eine unversöhnliche Haltung ein. Wenn sie dann aber in ihrer Genesung vorankommen, wenn sie Dankbarkeit lernen, wenn sie erkennen, wie sie innerlich zerbrochen sind und wie selbstsüchtig auch sie sich verhalten, fällt das Vergeben leichter.

Es würde den Rahmen dieses Buches sprengen, auf dieses Thema ausführlich einzugehen. Nur einige Gedanken möchte ich erwähnen: Vergebung ist ein Wachstumsprozeß. Er wird in Gang gesetzt, wenn wir uns willentlich entschließen zu vergeben und dann darauf vertrauen, daß Gott langsam unsere Gefühle der Verletzung, des Ärgers und Schmerzes heilt. Der unumgängliche erste Schritt dabei ist, sich seinen Gefühlen vorbehaltlos zu stellen. Denn wer sich nur der Hälfte des Schmerzes in seinem Herzen stellt, kann anderen auch nur zur Hälfte vergeben. Ein professioneller Therapeut kann dabei helfen, den Schmerz aus der Vergangenheit auszugraben. Wir können Jesus unsere Verletzungen nicht zur Heilung bringen, wenn wir nicht zulassen, die Verletzung auch zu empfinden.

4. Einen Genesungsplan entwickeln und befolgen. Der vierte Schritt, der zur Genesung erforderlich ist, ist die Disziplin, einen Genesungsplan zu entwickeln und auch zu befolgen. Genesende Menschen müssen klare Zielvorstellungen für die nächste Woche, den nächsten Monat und das nächste Jahr haben, denn wer kein Ziel hat, kann auch keins erreichen. Neben diesen Zielen erfordert ein Genesungsplan eine Liste mit Namen von Leuten, die Sachkenntnisse über Beziehungsabhängigkeit und den Genesungsprozeß haben und die einen unterstützen können. Außerdem ist ein Plan dafür nötig, wie man sich bei einem Rückfall verhält und wie man ihn überwindet.

Die folgende Fallstudie illustriert den Kampf einer jungen Frau anhand dieser vier Wachstumsschritte, die ein Genesungsplan enthalten sollte.

Sandra

Sandra ist eine junge Frau Mitte dreißig. Sie ist als Geschäftsfrau sehr geschickt, sieht attraktiv aus, ist tatkräftig, beliebt und erfolgreich. Nach außen hin scheint es, als habe sie alles, was man sich wünschen kann. Trotzdem litt Sandra Jahre an einer Depression. So wie ihre Mutter fühlte sie sich verantwortlich für das Wohlergehen aller Menschen um sich her. Als ältestes Kind hatte sie ihre sechs jüngeren Geschwister versorgt und versucht, in den Konflikten zwischen ihrem Vater und ihrer Mutter zu vermitteln.

Ihr Vater ist Multi-Millionär, ein Schürzenjäger (wahrscheinlich sexsüchtig) und alkoholabhängig. Ihre Mutter ist beziehungsabhängig und neigt dazu, sich in Lügen zu verstricken. Seit etwa drei Jahren ist sie von ihrem Mann geschieden.

Sandra wurde christlich erzogen und traf mit Anfang zwanzig eine persönliche Entscheidung für Christus. Ihre Mutter kam mit einer Erweckungsbewegung in Berührung und begann ebenfalls eine persönliche Beziehung zu Jesus. Diese geistliche Erneuerung führte dazu, daß sie ihre Beziehungsabhängigkeit erkannte und vor sich selbst zugab, daß ihr Mann ein Doppelleben führte. Sie heuerte einen Detektiv an, der herausfand, daß ihr Mann eine andere Frau hatte und ein Appartement als Liebesnest benutzte.

Zu dieser Zeit war Sandra dreiundzwanzig Jahre alt. Sie gab von einem Tag zum anderen ihren Beruf auf und zog nach Hause zurück, um für ihre Mutter dazusein. Immer mehr Einzelheiten über das Doppelleben ihres Vaters kamen ans Licht. Monatelang opferte sich Sandra für ihre Mutter auf, die schwer depressiv geworden war. Sandra selbst beklagte sich nie. Sie schlief zwar dreizehn Stunden am Tag, war im übrigen aber nur für ihre Mutter da. Ihr Vater lebte noch mehr oder weniger zu Hause, bis er schließlich auch offiziell auszog. Kurz darauf erlitt er einen Herzanfall. Ein Bruder Sandras zog zu ihm, um seinem Vater zu helfen, wurde aber bald selbst krank und mußte wieder ausziehen. Sandra sprach fast ein ganzes Jahr lang nicht mit ihrem Vater, obwohl sie sich dabei sehr schuldig fühlte.

In den folgenden zehn Jahren wiederholte Sandras Vater immer wieder bestimmte Versöhnungsspielchen mit ihrer Mutter. Erst kam er nach Hause zurück, ging dann aber bald wieder mit anderen Frauen und zog schließlich doch wieder aus. Vor zwei Jahren kam die erste seiner Freundinnen zum Glauben an Christus und weigerte sich nun, wieder mit ihm zu schlafen. Daraufhin verließ er sie und lebte sechs Monate lang mit Freundin Nr. 2. Dann wollte er bei ihr ausziehen. Da wurde sie böse, brach mit ihm und suchte sich eine eigene Wohnung. Daraufhin fing Sandras Vater an, in der Bibel zu lesen, kaufte ein riesiges Haus und verkündete, er wolle Freundin Nr. 1 heiraten.

An diesem Punkt taten Sandra und ihre Geschwister sich mit

Freundin Nr. 1 zusammen und versuchten, ihn dazu zu überreden, sich wegen seines Alkoholmißbrauchs in Behandlung zu begeben. Sandras Vater reagierte stocksauer. Leidenschaftlich bestritt er, überhaupt Alkoholprobleme zu haben. Da sagte Freundin Nr. 1: „Es ist das beste, wenn ich mich um ihn kümmere."

Sandra selbst hatte eine ganze Serie von zerrütteten Verhältnissen zu Männern gehabt. Im Verlauf der Therapie entdeckte sie bei sich einen Wiederholungszwang – die Neigung, zerstörerische Beziehungsmuster trotz ihrer negativen Folgen zu wiederholen. Dieser Zwang rührte aus der Beziehung zu ihrem Vater her. Außerdem hatte es unter den Geschwistern Inzest gegeben. Sandra vermutet, daß sie selbst als kleines Kind von ihrem Vater mißbraucht worden ist. Im Verlauf eines ihrer Verhältnisse wurde Sandra ungewollt schwanger. Sie wollte ihr Baby austragen, erfuhr aber in dieser schwierigen Situation keinerlei Hilfe von ihren Freunden in der Kirche. Ihre Mutter und eine ihrer Schwestern hielten jedoch zu ihr. Sie verlor ihr Kind dann aber durch eine Fehlgeburt, war jedoch zu dieser Zeit unfähig, Schmerz und Kummer zu empfinden.

Sandra hatte nach der Scheidung ihrer Eltern noch viele Jahre geschäftlich mit ihrem Vater zu tun. Er versuchte immer wieder, mit seinem Geld die Familie zu manipulieren und zu kontrollieren. Im Verlauf ihrer Therapie durchschaute Sandra das und begann, alle finanziellen Bindungen an ihren Vater abzubrechen. Sie war wütend auf ihn, weil er emotional nie für sie dagewesen war und statt dessen sein Geld gebraucht hatte, um ihre Liebe zu „kaufen".

Heute ist Sandra mit einem jungen Mann befreundet, der wie sie Christ ist. Sie wächst und gesundet durch intensive ambulante Therapie und eine zusätzliche siebenwöchige Klinikbehandlung in einer christlichen psychiatrischen Einrichtung. Als ihr Vater sich zu seiner dritten Ehe anschickte, war sie in immer tiefere Verzweiflung geraten und hatte sich deshalb entschlossen, in die Klinik zu gehen. Sie machte zwei oder drei selbstzerstörerische Phasen durch, in denen sie Weinkrämpfe bekam, schrie, sich selbst verletzte und mit dem Kopf gegen die Wand hämmerte. Einmal schlug sie sogar auf ihren Freund ein, weil er ihre Gefühle nicht verstehen konnte.

Während sie in der Klinik war, schrieb Sandra den folgenden

Brief an ihren Vater. Sie wollte den Brief von vornherein nicht abschicken, schrieb ihn aber während der Therapie, um Klarheit in ihre Beziehung zu ihrem Vater zu bringen und um ihre Vergebung ihm gegenüber auszudrücken. Sie ist mit der Veröffentlichung ihres Briefes einverstanden. In dem Brief wird deutlich, wie wichtig es ist, die eigenen Gefühle auszudrücken und welch maßgeblichen Stellenwert die Vergebung im Heilungsprozeß hat. – Hier Sandras Brief:

Lieber Papa, ich schreibe Dir diesen Brief, um Dir zu sagen, daß ich Dir nicht mehr böse bin, obwohl das für mich selbst fast nicht zu glauben ist. Aber Gott hat an mir ein Wunder getan. Er hat mich an einen Ort geführt, wo ich lernen konnte, Dir zu vergeben! Das ist umwerfend für mich, aber ich vergebe Dir wirklich – ich kann Dir sogar sagen, daß ich Dich liebhabe. Du bist mein Papa. Gott hat Dich als Vater für mich ausgesucht. Du bist zwar nicht der Papa, den ich mir gewünscht hätte. Ich habe mir immer einen Vater gewünscht, der Zeit für mich hätte. Ich habe mir einen Papa gewünscht, der mich aufrichtig ermutigt hätte. Du bist ein guter Geschäftsmann. Ich wollte von Dir lernen, wie man eine gute Geschäftsfrau wird. Ich habe mir so sehr Deine Hilfe gewünscht. Papa, ich wollte, daß Du stolz und zufrieden sein könntest mit dem, was ich in meinem Leben erreicht habe. Und ich habe mir so sehr gewünscht, daß Du mir einmal sagst, daß Du auf mich stolz bist. Ich wollte wissen, Papa, wie sehr Du mich liebst – ich wollte wissen, ob Du mich überhaupt liebst. Am meisten habe ich mir Deine Zeit, Dein Zuhören, Deine Klugheit, Deine Liebe, Deine Ermutigung, Deinen Rat, Deine väterliche Zuneigung gewünscht. Papa, ich wollte so gern von Dir so behandelt werden, wie ich es mir später einmal von meinem Ehemann wünschte.

Ich wollte, Du hättest einmal zugegeben, daß Du auch Schwächen hast und nicht vollkommen bist. Ich habe mir gewünscht, daß Du merkst, auch Du machst Fehler. Für alles, womit Du mich verletzt hast und was nicht richtig war, wollte ich gern von Dir hören: „Es tut mir leid!" Ich wünschte, Du hättest das gesagt, Papa. Ich wünschte, Du hättest mir gesagt, daß ich mir nicht durch meine Schönheit, durch meinen Körper oder indem ich mich als schwaches, hilfsbedürftiges Mädchen gebe, einen Mann „angeln" sollte, sondern daß etwas ganz anderes wichtig ist: ein aufrichtiges Herz, daß ich auf Gott höre, meinen Verstand gebrauche und daß ich geben kann, ohne eine Belohnung zu erwarten. Daß es natürlich gut ist, wenn ich mein Haar, meine Haut und meinen Körper pflege, aber daß es doch noch etwas Wichtigeres gibt, daß das, was in mir lebt, das Wichtigste ist.

Ich liebe Dich, Papa. Ich wünschte, Du wärst all das für mich gewesen. Du hättest es mir leichter gemacht, erwachsen zu werden und eine Frau zu sein, wenn ich gewußt hätte, daß Du mich anerkennst in dem, was ich war und was ich heute bin.

Aber Du hast das alles nicht getan. Und jetzt muß ich mühsam diese Dinge lernen. Ich muß sie wissen, Papa, weil ich für den Mann, den Gott für mich ausgesucht hat, eine gute Frau sein möchte.

Ich wünschte, ich wünschte, ich wünschte … ich könnte das immer weiter sagen, Papa. Aber jetzt merke ich, daß ich aufhören kann, zu wünschen, zu ersehnen und zu hoffen, daß Du Dich änderst, Papa, weil ich mich entschlossen habe, mich selbst zu ändern, Papa. Ich bin nicht mehr die empörte, wütende, zornige Tochter, die meinte, daß ihre Bedürfnisse nie gestillt werden würden. Das war so, aber ich habe es aufgegeben, Papa. Ich habe mich entschlossen, Dir zu vergeben. Ja, ich vergebe Dir.

Am Dienstag, dem 7. Mai habe ich mich dazu entschlossen, und ich mußte es am Mittwoch, dem 8. Mai wieder tun – und wahrscheinlich wieder und wieder. Aber ich will Dir wirklich vergeben. Ich will Dir jetzt erzählen, Papa, was in mir vorgegangen ist, als ich mich dazu entschloß.

Zuerst nichts. Absolut nichts. Und dann wurde ich so wütend auf Gott, weil ich meinte, daß Gott auch noch bei mir versagt hat!

Aber dieser Therapeut hier in der Klinik hat mir klargemacht, daß ich vielleicht überhaupt nichts fühle und daß Vergebung ein Willensakt ist und kein Gefühl. Das hat mir gar nicht gefallen. Ich wollte es fühlen, daß ich Dir vergeben habe. Es war schon sehr schwer für mich, Papa, überhaupt hierherzukommen, wo ich mich dafür entscheiden mußte, Dir zu vergeben. Eigentlich hatte ich nämlich viel lieber gewollt, daß Du alles heimgezahlt bekämst, alle Verletzungen, die Du mir, meinen Geschwistern und Mama zugefügt hast.

Ja, und dann merkte ich, daß ich die Vergebung, die ich Dir

zuerst erteilt habe, wieder zurücknahm. Auch vor Gott habe ich sie zurückgenommen, weil ich ja wollte, daß Du für alles büßen mußt. Ja, und dann merkte ich, daß ja ich diejenige war, die alles büßte – und nicht Du. Ich bezahlte. Es war, als ob Du wie ein großer Fisch an meiner Angel hingst. Wenn ich Dir vergab, dann war das, als ob ich Dich vom Haken ließe und Dich so freigab und dann auch selbst frei war. Vergab ich Dir aber nicht, dann war das, als ob Du weiter an meiner Angel zerrtest und mich hin und her zogst. Also vergab ich Dir, ich ließ Dich „vom Haken".

Dir nicht zu vergeben, Papa, bedeutete, mich selbst zu zerstören. Ich konnte keine dauerhafte Beziehung zu einem Mann bekommen, weil ich immer das Gefühl hatte, daß er es genauso machen würde wie Du. Deshalb bin ich immer hinter meinen Schutzmauern geblieben. Ich wollte keinem so vertrauen, daß ich auf meinen Schutzwall verzichtet hätte. Auch in meinen Geschäftsbeziehungen blieb ich immer mißtrauisch. Oft hatte ich das Gefühl, ausgenutzt zu werden. Deshalb mußte ich immer alles im Griff behalten, auch in meinem ganzen Lebensstil.

So war ich und so habe ich teuer dafür bezahlt, daß ich Dir nicht vergeben habe. Schließlich aber dämmerte mir, daß ich wählen konnte: Entweder ich vergab Dir nicht und büßte dafür weiterhin dadurch, daß mein Leben, mein Körper und meine Gesundheit zerstört wurden. Oder ich wollte Dir vergeben, und mein Leben und mein Denken konnten wieder in Ordnung kommen.

Ich entschloß mich, Dir zu vergeben, weil es keinen Spaß machte, Dich alles büßen zu lassen. Denn in Wirklichkeit büßt Du überhaupt nichts – Du lebst weiter so, wie es Dir gefällt. Aber ich, ich lebte wie im Gefängnis und mein Leben und alles Gute und Lebendige um mich herum wurde zerstört.

Und dabei wünsche ich mir so sehr eine gute, gesunde Beziehung zu einem Mann. Aber die kann ich nicht haben, solange ich in meinem Gefängnis bleibe.

Ich habe Dir also wieder neu vergeben. Und dieses Mal habe ich die Vergebung nicht wieder zurückgenommen.

Ich will Dir erzählen, was an dem Abend passierte, als mir endlich aufging, was es für *mich* bedeutete, Dir zu vergeben. Auf einmal konnte ich mich meinem Schmerz stellen, ja, mich damit auseinandersetzen und ihn sogar hinter mir lassen, als ob ich ihn aus einem inneren Abstand heraus sehen konnte. Und jetzt: Der Schmerz begann tatsächlich nachzulassen!

Am nächsten Tag fühlte ich mich zum ersten Mal wieder ermutigt und lebendig – zum ersten Mal nach langer, langer Zeit.

Und das Puzzle, Papa, ich schaue mir das Puzzle von meinem Schmerz an – ja, ich habe mich wie ein auseinandergebrochenes Puzzle gefühlt – aber das ist jetzt vorbei.

Papa, ich habe Dich freigegeben. Ich habe Dich losgelassen. Und das bringt mich auf den nächsten Punkt: Du und Dein Geld. Ich habe immer gedacht, wenn ich versage, dann steht Papa für mich ein. Er fängt mich auf. Er bringt meine finanziellen Pleiten schon in Ordnung. Und das hast Du auch lange Zeit gemacht. Als ich eins von unseren Geschäften hatte und während des Studiums und auch in den Jahren nach dem Studium, bevor ich mein eigenes Geschäft gründete. Ich brauchte Dich nicht einmal um etwas zu bitten – es war alles gut, ich konnte mit Dir rechnen. Wenn etwas schiefging, warst Du da. Papa, ich weiß jetzt, daß ich mich auf Gott, meinen himmlischen Vater, verlassen muß und nicht auf Dich. Du gabst mir zwar wirtschaftliche Sicherheit, aber ich mußte dann auch deine Spiele mitspielen und so sein, wie Du mich wolltest – auf Kosten meiner Persönlichkeit. Diese Sicherheit kam mich teuer zu stehen. Und es war noch nicht einmal echte Sicherheit. Sie war für mich wie eine Guillotine, denn jedesmal, wenn ich deine Hilfe brauchte, habe ich mich gefragt: Fängt er mich diesmal auf oder nicht? Demütigt er mich, wenn ich ihn um Hilfe bitte oder nicht? Kümmert er sich wirklich um mich oder nicht?

Papa, ich habe meine Sicherheit in einer rissigen Zisterne (Jeremia 2, 13) gesucht, die ich mir selbst gebaut habe. Aber jetzt weiß ich, daß Gott, mein himmlischer Vater, mir wirkliche Sicherheit gibt. Auf ihn kann ich mich rückhaltlos verlassen. Er versorgt mich aus Quellen mit lebendigem Wasser.

Ich sage Dir das alles, Papa, weil ich jetzt weiß, daß es falsch von mir war, mich immer darauf zu verlassen, daß Du finanziell für mich aufkommst. Damit muß ich jetzt brechen, und ich tue das auch. Ich breche mit dieser Abhängigkeit, Papa.

Danke für alles, was Du für mich getan hast. – In Liebe, Sandra

Hilfe suchen

Wie schon erwähnt, kann niemand im Alleingang genesen. Hilfe zu suchen, ist nicht leicht, aber notwendig. Eine junge Frau, die Opfer eines Inzests war, sah mich traurig an, als ich ihr sagte, daß sie sich einer Therapiegruppe für Inzestopfer anschließen solle. Sie fragte mich: „Gibt es wirklich keine andere Möglichkeit?" Ich versicherte ihr nochmals, daß diese Gruppe für sie unbedingt nötig sei. Sie nickte und lächelte scheu, und ihre unausgesprochene Antwort schien zu sein: „Das muß ich mir erst noch überlegen."

Es geht nicht nur Ihnen so, daß Sie sich schämen oder Ihnen etwas peinlich und unangenehm ist. Beziehungsabhängige empfinden jedesmal so, wenn sie etwas annehmen sollen, ohne etwas zurückgeben zu können. In der Therapie Hilfe annehmen zu müssen, gibt ihnen das Gefühl, die Kontrolle zu verlieren. Es ist völlig normal, sich anfangs so zu fühlen. Lassen Sie sich aber von diesen Gefühlen nicht davon abhalten, Hilfe in Anspruch zu nehmen.

Oft argumentieren Christen: „Es gibt hier aber weit und breit keinen christlichen Therapeuten!" Das kann stimmen. Aber es kann auch sein, daß es in Ihrer Nähe doch gute Hilfsmöglichkeiten gibt und Sie es nur nicht wissen. Andere sagen: „Ich würde nie zu einem Therapeuten hier in der Nähe gehen. Dazu bin ich viel zu bekannt." Doch Sie können sich darauf verlassen, daß professionelle Therapeuten mit dem, was Sie ihnen sagen, absolut vertraulich umgehen. Wenn Sie trotzdem noch Bedenken haben, dann suchen Sie sich einen Therapeuten in einer anderen Stadt. Ich habe schon Patienten gehabt, die bis zu drei Stunden Fahrzeit in Kauf genommen haben. Therapeuten verstehen Ihre Ängste und können Ihnen vielleicht sogar jemanden empfehlen, der weit genug entfernt ist, um Ihre Privatsphäre zu wahren, aber von Ihrem Wohnort aus doch gut zu erreichen ist.

„Aber ich schäme mich so. Wie könnte ich einem Fremden all das Schreckliche erzählen, das ich getan habe?" Glauben Sie mir, Therapeuten sind auch nur Menschen und haben selbst auch schon schlimme Sachen gemacht. Außerdem gibt es wohl kaum etwas, das ein Therapeut nicht schon einmal gehört hat. Sie meinen vielleicht, Ihre Lebensgeschichte sei zu außergewöhnlich, unglaublich oder zu schmutzig. Trotzdem hat Ihr Therapeut mit größter Wahrscheinlichkeit schon einmal etwas Ähnliches gehört. Und sollte er sich mit Ihren Problemen nicht auskennen, kann er Sie an jemanden verweisen, der damit Erfahrung hat.

„Ich kann mir keine Therapie leisten!" Haben Sie diesen Einwand, dann fragen Sie sich einmal, ob Ihnen Ihre emotionale, geistige und physische Gesundheit so viel wert ist wie etwa ein Farbfernseher, Videorecorder und Stereoanlage. Fragen Sie sich weiter, was Sie machen würden, wenn Ihr Kind eine Therapie brauchte. Würden Sie dann nicht auch Mittel und Wege finden? Sind Sie weniger wert als Ihr Kind? Außerdem übernimmt oft Ihre Krankenkasse die Kosten für eine Therapie. Wenn Sie nur ein niedriges Einkommen haben oder arbeitslos sind, erkundigen Sie sich beim Sozialamt über alle zur Verfügung stehenden Möglichkeiten. Außerdem gibt es viele karitative Einrichtungen und Selbsthilfegruppen, die professionelle Beratungen kostenlos anbieten.

Was sollte man beachten, wenn man einen Therapeuten sucht?

Als erstes ist zu klären, ob der Therapeut für die Behandlung von Beziehungsabhängigkeit kompetent ist und ob er Erfahrung in der Behandlung von Suchtkranken hat. Wenn Sie sich an eine Suchtberatungsstelle wenden, kann sie Ihnen in diesem Punkt sicher behilflich sein.

Als nächstes ist wichtig, sich darüber klarzuwerden, ob man sich bei diesem Therapeuten gut aufgehoben fühlt. Stellen Sie sich nach den ersten zwei oder drei Sitzungen folgende Fragen:

1. Wie gefällt mir der Therapeut? Kann ich mir vorstellen, mit diesem Therapeuten zusammen an meinen Problemen zu arbeiten, oder sollte ich mir einen anderen suchen? Geht der Therapeut auf meine Fragen ein? Nimmt er mich ernst? Mag ich ihn? Von einer guten Beziehung zwischen Patient und Therapeut hängt ein Großteil des Therapieerfolges ab. Deshalb ist es so wichtig, an die richtige Adresse zu geraten. Wenn Sie sich entschließen, diesem Therapeuten abzusagen, dann machen Sie sich keine Gedanken darüber, wie er das auffaßt, denn das ist ganz allein sein Problem. Und Sie haben das Recht, sich einen Therapeuten zu suchen, bei dem Sie das Gefühl haben, verstanden zu werden. Geben Sie die Therapie an sich aber nicht gleich auf, nur weil Ihr erster Versuch, einen

Therapeuten zu finden, erfolglos war. Manche Leute konsultieren drei oder vier Therapeuten, bevor sie sich entscheiden, mit wem sie zusammenarbeiten wollen. Berufsmäßige Therapeuten verstehen das und sind nicht gekränkt, wenn Sie zu einem anderen gehen. Viele Therapeuten werden Ihnen sogar Kollegen empfehlen, damit Sie sich weiter umschauen können.

2. Stimme ich mit den Methoden des Therapeuten überein? Akzeptiert und achtet er meine christlichen Überzeugungen? Versteht er sie zumindest so weit, daß er mir helfen kann? Die meisten nichtchristlichen Therapeuten werden Ihren Glauben respektieren und mit Ihnen therapeutisch arbeiten können, auch wenn sie nicht mit christlichen Glaubensüberzeugungen vertraut sind. Manche christliche Therapeuten integrieren ihre Überzeugungen überhaupt nicht in die Therapie, andere tun es innerhalb ihrer Möglichkeiten. Sie haben das Recht zu fragen, wie Ihr künftiger Therapeut das handhabt.

3. Sieht mich dieser Therapeut als aktiven Teilnehmer in der Therapie an? Oder kommt er so daher, als habe ich nur das zu tun, was er sagt, ohne mich im Blick auf die Ziele oder die Art der angebotenen Behandlung mitsprechen zu lassen? Ein guter Therapeut erwartet vom Patienten aktive Mitarbeit, denn je mehr sich der Patient in die Therapie mit einbringt, desto fruchtbarer wird sie für ihn.

4. Welche Ziele verfolge ich selbst mit dieser Therapie? Erscheint dieser Therapeut dazu qualifiziert, meinen Bedürfnissen gerecht zu werden, hat er die entsprechende Ausbildung und Erfahrung?

Die meisten Krankenkassen übernehmen die Therapiekosten nur dann, wenn der Therapeut eine Krankenkassenzulassung hat. Man sollte sich auch hier genau erkundigen. Wenn Sie bei keinem Psychiater in Behandlung sind, aber Medikamente brauchen oder in Klinikbehandlung gehen müssen, dann fragen Sie ihren Therapeuten, mit welchem Arzt er zusammenarbeitet, damit Sie auch in dieser Beziehung versorgt werden.

Wie Genesung aussieht

An welchen Kriterien läßt sich festmachen, ob man mit seiner Genesung vorankommt? An welchen Verhaltensformen, Einstellungen und Gefühlen ist das zu erkennen? Welche Merkmale unterscheiden eine beziehungsabhängige Reaktion von einer normalen, selbstlosen Geste?

Die folgenden acht Grundsätze können dabei behilflich sein.

1. Niemand kann etwas weitergeben, was er nicht selbst zuvor empfangen hat. Unter Christen wird meist großes Gewicht darauf gelegt, selbstlos und nicht selbstsüchtig zu sein. Deshalb bemühen sich auch die meisten christlichen Eltern, ihre Kinder zur Selbstlosigkeit zu erziehen. Das Problem ist nur, daß sie dabei von ihren Kindern etwas erwarten und verlangen, was diese selbst noch gar nicht haben. Paul Tournier hat dazu den Begriff „verfrühte Selbstverleugnung" geprägt. Ein amerikanischer Autor, Donald Sloat, greift dieses Thema in einem seiner Bücher auf. Er beschreibt, wie unheilvoll sich diese falsch verstandene christliche Erziehung oft auswirkt. Da lehren Eltern ihre Kinder in bester Absicht, alles mit andern zu teilen, immer abzugeben und zu verzichten. Etwas für sich selbst haben zu wollen, erscheint als böse und selbstsüchtig, und das ist natürlich etwas, das Gott nicht will. Schauen Sie sich daraufhin einmal die Anleitungen für Sonntagsschul- und Kinderarbeit an, auch christliche Kinderbücher oder christliche Kinderlieder. Äußerst selten wird da ein Kind positiv herausgestellt, das glücklich ist, weil es etwas für sich selbst tut, sich über ein neues Spielzeug oder ein neues Kleid freut, das nein sagt und dabei kein schlechtes Gewissen hat. Kurz: das sich wie ein normales Kind verhält.

Das „liebe Kind" ist das Kind, das abgibt – sogar sein liebstes Spielzeug, das andern Kindern das letzte Bonbon aus der Tüte läßt und das andern hilft, ohne jemals für sich selbst Hilfe zu erwarten oder etwas Schönes zu wollen. Kinder, die so geprägt werden, sind schließlich überzeugt, daß es böse ist, etwas für sich selbst zu wünschen und daß Jesus das nicht gefällt. So wird gefühlsmäßig „etwas, was ich selbst möchte und brauche", als Sünde empfunden.

Doch diese Erziehung zu verfrühter Selbstverleugnung ist nur scheinbar christlich, denn sie steht im Widerspruch zu unserem von Gott geschaffenen Wesen. Es gehört zur normalen Entwicklung eines Kindes, daß es im Alter von zwei Jahren anfängt, nein zu sagen und bestimmte Dinge als sein persönliches Eigentum anzusehen und zu verteidigen. Dieser Entwicklungsschritt ist nötig, damit es später einmal wirklich sinnvoll teilen und abgeben kann. Es muß erleben, daß es Dinge gibt, die ganz allein ihm gehören, und es muß lernen, unabhängig von den Wünschen und Ansprüchen anderer zu werden.

Nur so werden Kinder später als Erwachsene aus Liebe schenken und nicht aus Pflichtgefühl. Geben sie aus Liebe, wird das für sie einen ganz besonderen Wert haben. Im Grunde ist es bedeutungslos, wenn ich einen Kugelschreiber verschenke, der mir nichts bedeutet, weil ich meine, ich hätte ihn ja sowieso nicht verdient. Wenn ich aber an ihm hänge, weil es *mein* Kugelschreiber ist, ich ihn aber trotzdem ausleihe oder sogar verschenke – zeigt das dann nicht echte Selbstlosigkeit? Wenn wir unsere Kinder anleiten, Dinge fortzugeben, ehe sie gelernt haben, sie zu besitzen, oder sich zu verleugnen, ehe sie gelernt haben, sich zu behaupten, dann entwickelt sich bei ihnen ein sehr schwaches Selbstwertgefühl. Denn Selbstverleugnung und Selbstbehauptung gehören zusammen wie die beiden Seiten ein und derselben Münze. Ehe ein Mensch auf etwas verzichten kann, muß er es zuvor für sich in Anspruch genommen haben. Ehe er an andere weitergeben kann, muß er empfangen.

Viele Beziehungsabhängige sind an dieser Stelle falsch geprägt worden, ob sie aus christlichen Familien kommen oder nicht. Denn häufig sind auch nichtchristliche Eltern von dieser Verdrehung des Christentums so weit beeinflußt, daß sie ihre Kinder ebenfalls so erziehen. Bei meinen Patienten bin ich immer wieder darauf gestoßen. Ob sie katholisch waren oder protestantisch oder ohne jede religiöse Bindung, fast alle hatten dieses Problem.

In der Bibel steht in 1. Johannes 4, 19: „Lasset uns lieben, denn Gott hat uns zuerst geliebt." Wer Kinder verfrüht zur Selbstverleugnung erzieht, setzt sich über das göttliche Prinzip hinweg, daß wir erst Liebe empfangen müssen, bevor wir sie weitergeben können!

Beziehungsabhängige geben gewöhnlich aus einem Gefühl der Verpflichtung heraus, aus Scham oder Angst oder weil sie meinen, das sei für jemand anderes notwendig. Sie fühlen sich allein schon deshalb schuldig, weil sie eigene Bedürfnisse haben. Dann auch noch zu erwarten, daß sie befriedigt werden, erscheint ihnen geradezu unverschämt. Und deshalb geben und geben sie. Doch weil sie nie gelernt haben, etwas zu empfangen und anzunehmen, versiegt ihre Quelle des Gebens schließlich, und sie fühlen sich verausgabt und leer. Wenn jemand gibt und nicht auch empfängt, dann gibt es Probleme mit seiner Art zu „lieben".

2. Echte Liebe gibt sich dem anderen frei und ohne Zwang. Menschen, die auf gesunde Weise lieben, tun das in dem Bewußtsein, daß sie die Wahl haben zu lieben oder nicht zu lieben. Sie fühlen sich nicht dazu verpflichtet. Sie geben nicht, weil sie Angst haben, verlassen oder zurückgewiesen zu werden. Sie lieben einen anderen auch nicht, weil sie befürchten, daß Gott sie sonst straft.

Im Neuen Testament (Apostelgeschichte 5) wird von einer Begebenheit erzählt, an der deutlich wird, wie Gott das Geben aus falschen Motiven einschätzt. Zu der Zeit, als in Jerusalem die erste christliche Gemeinde gegründet worden war, verkauften viele Gemeindeglieder Grundstücke oder Häuser, um mit dem Erlös arme Mitchristen zu unterstützen. Ein Ehepaar – Ananias und Saphira – tat das auch. Einen Teil ihres Geldes wollten sie für sich selbst behalten. Doch weil sie sich durch das Vorbild der anderen Christen verpflichtet fühlten, versteckten sie diesen Anteil und erzählten in der Gemeinde, sie hätten alles gespendet. Petrus, der die Gemeinde leitete, stellte sie deswegen zur Rede. „Niemand hat von euch verlangt, euer ganzes Geld herzuschenken", sagte er. „Ihr konntet sogar offen und ohne jede Heimlichkeit alles für euch behalten. Ihr habt nicht nur vor uns Menschen gelogen, sondern auch vor Gott." Ananias und Saphira hatten der Gemeinde viel Geld gegeben. Aber sie hatten es aus unlauterem Herzen getan. Und Gott brachte das ans Licht und machte ganz eindeutig klar, daß er das nicht wollte.

Gott liebt fröhliche Geber, heißt es in der Bibel. Nur wer wirklich freiwillig gibt – sei es Geld oder etwas von seiner Zeit oder seiner Arbeitskraft –, der kann auch fröhlich und gesund geben.

3. Echte Liebe tut nichts für einen anderen, was der auch für sich selbst tun kann. Ich kenne eine Mutter, die allen Ernstes noch jeden Abend zu ihrem dreißigjährigen Sohn geht und ihm die Schuhe putzt! Sie ist überzeugt, es aus Liebe zu tun. Aber echte Liebe sieht anders aus. Sie erscheint manchmal sogar hart und gibt so dem anderen die Möglichkeit, zu wachsen und zu reifen. Wieviele Eltern gibt es, die es sich wirklich nicht leisten können, ihre erwachsenen Kindern noch finanziell zu unterstützen, obwohl die sich schon längst selbst versorgen könnten, wenn sie nur bereit wären, zu arbeiten. Stellt man solche Eltern zur Rede, dann fangen sie an zu jammern: „Aber wir lieben sie doch so sehr, wir könnten sie doch nicht auf die Straße setzen!" Doch echte Liebe sieht anders aus. Eltern, die ihre Kinder wirklich lieben, lassen es nicht zu, daß sie von ihnen abhängig bleiben, wenn sie schon längst selbständig sein könnten.

4. Echte Liebe respektiert das Recht anderer, Hilfe oder Liebe abzulehnen. Sie kann darauf warten, gebeten zu werden und bietet sehr behutsam Beistand an. Echte Liebe nimmt dem anderen nie die Selbstachtung.

Hier ein Beispiel für respektlose, wenn auch gutgemeinte Liebe: Eine Mutter kommt zu ihrer frisch verheirateten Tochter und schleppt einen Schinken, vier Steaks, ein Brathuhn und zwei Hähnchen an. Lächelnd sagt sie: „Ich habe dir etwas für deine Gefriertruhe mitgebracht." Sie hat es aber nicht für nötig gehalten, vorher anzurufen und sich zu erkundigen, ob ihre Tochter überhaupt noch Platz in ihrer Truhe hat und ob sie überhaupt etwas braucht und haben will. Die Tochter reagiert verärgert. Sie fühlt sich herabgewürdigt, weil ihre Mutter versucht, ihr zu „helfen", obwohl sie gar keine Hilfe braucht. Sie fühlt sich verletzt, weil ihre Mutter allem Anschein nach denkt, ihr Mann bringe nicht genügend Geld mit nach Hause.

5. Echte Liebe unterstützt niemanden dabei, in einem selbstzerstörerischen Lebensstil zu verharren. Viele Eltern ermöglichen es ihren Kindern ungewollt, bei ihren Drogen oder ihrem Alkohol zu bleiben, weiterhin Vorlesungen zu schwänzen oder sonstwie verantwortungslos zu leben. So z. B., wenn sie ihrem Sohn auch dann noch das gewohnte Geld schicken, wenn der sein Studium abgeschlossen hat, aber keine Lust hat, sich Arbeit zu suchen.

Ein anderes Beispiel: Eine Ehefrau telefoniert für ihren Mann, weil er so verkatert ist, daß er nicht zur Arbeit gehen kann. Er hätte an diesem Tag eigentlich an einer wichtigen Besprechung teilnehmen müssen. Deshalb erzählt sie dem Chef, daß ihr Mann die Grippe habe und aus diesem Grund leider nicht kommen könne. Sie merkt dabei nicht einmal, daß sie für ihren Mann lügt. Jemanden auf diese Weise zu decken, ermöglicht ihm, sich vor den Konsequenzen seines Verhaltens zu drücken. Echte Liebe kann, wenn es sein muß, fest und unnachgiebig sein. Sie läßt den anderen die Suppe, die er sich selbst eingebrockt hat, auch selbst auslöffeln. Sie deckt das Fehlverhalten des andern nicht, sondern entläßt ihn in die Eigenverantwortung.

6. Echte Liebe ist ein ausgewogenes Geben und Nehmen. Beziehungsabhängige Liebe ist in der Regel einseitig: Der Beziehungsabhängige gibt, der andere nimmt. Zwar kommt es auch in gesunden Beziehungen immer wieder vor, daß einer zeitweise mehr gibt als der andere, doch aufs Ganze gesehen pendelt sich das Gleichgewicht von Geben und Nehmen immer wieder ein. Auch wenn ein Partner nicht das Gleiche zurückgeben kann, was er bekommen hat, wird das in anderen Bereichen doch ganz von selbst wieder ausgeglichen.

Mir kommt da Mutter Teresa in den Sinn. Sie gibt selbstlos an Menschen, die es ihr nie in gleicher Weise vergelten können. Trotzdem empfängt auch sie viel. Sie empfängt von ihnen Liebe, Wärme, echte Zuneigung und manchmal auch nur einen Seufzer der Erleichterung.

Wer nur immer gibt, aber nichts empfängt, den kommt das auf Dauer teuer zu stehen. Nur Jesus hatte die Fähigkeit, immer in guter, gesunder Weise zu geben. Doch selbst er brauchte dazu Rückhalt und Liebe von Gott, seinem Vater und Unterstützung von den Engeln und von seinen Freunden. Trotzdem meinen Beziehungsabhängige, sie könnten ohne Beistand oder Hilfe von anderen immer nur geben. Sie meinen, keine Unterstützung, keine Hilfe oder Stärkung durch andere zu verdienen. Und wenn sie darunter leiden, denken sie, daß sie es ja nicht anders verdient haben.

7. Echte Liebe gibt zum Wohl eines anderen alles, was möglich ist, ohne dafür eine Belohnung zu erwarten. Dies ist ein kniffliges Problem, weil beziehungsabhängige Menschen immer behaupten, daß ihr Verhalten anderen gegenüber zu deren Wohl dient. In Wirklichkeit verletzen aber ihre Verhaltensweisen oft die

Rechte oder Verantwortlichkeiten anderer, oder sie handeln aus Angst und nicht aus Liebe.

Ein Beispiel für echte Liebe sind Eltern, die ihrem minderjährigen Kind untersagen, sich der brutalen Jugendbande in der Nachbarschaft anzuschließen. Wenn diese Eltern auch begründete Angst vor diesen jungen Leuten haben, so geht es ihnen in erster Linie doch wirklich um das Wohl ihres Kindes, weil es in seinem Alter die Gefahren noch nicht selbst richtig einschätzen kann.

Ein Beispiel für beziehungsabhängige „Liebe" ist dagegen die Frau eines Alkoholabhängigen, die die Schnapsflaschen ihres Mannes in die Toilette schüttet. Der Umgang mit Alkohol ist das Problem ihres Mannes. Er ist erwachsen, und die Aktion seiner Frau greift in seinen Verantwortlichkeitsbereich ein. Außerdem denkt sie dabei mehr an sich selbst als an ihren Mann. Sie hat nämlich Angst, daß er sich vollaufen läßt und dann wieder zu einer anderen Frau geht. Wenn das für sie auch noch so schmerzlich und verletzend ist, so trägt doch nicht sie, sondern ihr Mann die Verantwortung dafür. Wenn sie den Alkohol wegschüttet, entbindet sie damit ihren Mann zwar von den Konsequenzen seines Suchtverhaltens, aber ihr Motiv dafür ist nicht Liebe, sondern Angst und dazu das Bedürfnis, sein Verhalten zu kontrollieren. Solange sie ihn kontrolliert, kann er nicht lernen, sich selbst unter Kontrolle zu halten.

8. Echte Liebe kann man nicht aus eigener Anstrengung gewinnen. Sie ist eine Gabe des Heiligen Geistes. Eigene Anstrengung bringt eine Liebe hervor, die von Selbstgerechtigkeit und „Märtyrergeist" gekennzeichnet ist. Sie äußert sich dann etwa so: „Sieh doch nur, was ich alles für ihn getan habe. Ich habe mich für ihn abgerackert, für ihn geschuftet. Und was macht er? Er trinkt. Wie konnte er *mir* das nur antun?" Wer dagegen vom Heiligen Geist Liebe empfangen hat und dann weitergibt, ist nicht darauf aus, daß man ihn dafür entsprechend würdigt und ihm dankt. Er kann selbstlos und uneigennützig handeln und fühlt sich dabei nicht als Märtyrer, der alles für die anderen tut und nichts für sich.

Beziehungsabhängige Liebe erwartet immer eine Gegenleistung, wenn auch nur versteckt. Kürzlich erzählte mir eine Patientin, sie sehe jetzt, daß ihre Bemühungen, liebevoll zu sein, ihr Bestreben, andere zu umsorgen, und ihr innerer Zwang, anderen zu helfen oder ihnen zu dienen – besonders Männern –, von ihrer Sehnsucht herkam, auch eigene Bedürfnisse befriedigt zu bekommen. Ihre unbewußte Überzeugung war: Wenn ich mich nur genug anstrenge, wenn ich immer lieb bin und wenn ich alles gebe, dann werden die anderen meine Bedürfnisse erkennen, ohne daß ich etwas sagen muß, und werden sich um mich kümmern. – Sich geborgen und sicher zu fühlen, war alles, was sie sich gewünscht hatte. Und wenn ihre Eltern oder ihr Mann ihr gegenüber unfreundlich oder gleichgültig waren, dachte sie, das liege daran, daß sie „schlecht" sei oder „nicht genug geliebt hatte". Diese Art „Liebe" wird durch eigene Anstrengungen hervorgebracht, nicht vom Heiligen Geist, und sie sucht letztlich das eigene Wohl und nicht das des anderen. Ihre Wurzel ist nicht Freude, sondern Schmerz und Groll.

Zusammenfassung. Wir haben gesehen, daß es acht Merkmale gibt, an denen sich beziehungsabhängige „Liebe" von echter, christlicher Liebe unterscheidet:

1. Niemand kann etwas weitergeben, was er nicht selbst zuvor empfangen hat.

2. Echte Liebe gibt sich dem anderen frei und ohne Zwang.

3. Echte Liebe tut nichts für einen anderen, was der auch für sich selbst tun kann.

4. Echte Liebe respektiert das Recht anderer, Hilfe oder Liebe abzulehnen.

5. Echte Liebe unterstützt niemanden dabei, in einem selbstzerstörerischen Lebensstil zu verharren.

6. Echte Liebe ist ein ausgewogenes Geben und Nehmen.

7. Echte Liebe gibt zum Wohl eines anderen alles, was möglich ist, ohne dafür eine Belohnung zu erwarten.

8. Echte Liebe kann man nicht aus eigener Anstrengung gewinnen. Sie ist eine Gabe des Heiligen Geistes.

Selbstsucht oder Fürsorge für die eigene Person

Viele Christen, die Bücher zum Thema Beziehungsabhängigkeit lesen, befürchten, daß „Fürsorge für die eigene Person" in krassen Egoismus ausarten könnte. Wenn wir ehrlich sind, müssen wir zugeben, daß jeder von uns immer wieder einmal versucht ist, andere durch Freundlichkeit oder Schuldzuweisungen zu kontrollieren und zu manipulieren, und sei es auch nur aus Angst. Das ist, wie wir schon festgestellt haben, beziehungsabhängiges Verhalten und keine Liebe. Wir kennen aber auch bei uns selbst und bei anderen das Gegenteil, nämlich einen extrem unabhängigen, überheblichen Lebensstil. Er zeigt sich bei Menschen, die es entweder leid sind, abhängig zu sein, oder die Angst vor Abhängigkeit haben (linke Seite der Schautafel 10). Sie denken dann nur noch an sich, zwingen andere, nach ihrer Pfeife zu tanzen oder fühlen sich darüber erhaben, Hilfe zu brauchen und anzunehmen. Solches Verhalten stufen wir gewöhnlich als selbstsüchtig ein.

Sind aber nicht auch Beziehungsabhängige selbstsüchtig? Sie geben sich zwar bedürftig und nicht stark, aber sie verfolgen damit auch ihre eigenen Interessen. Also sind beide Positionen selbstsüchtig, die beziehungsabhängige und die extrem unabhängige, wenn auch die beziehungsabhängige nach außen hin meist besser aussieht, weil sie demütig und selbstlos erscheint. In meiner Arbeit mit Hunderten von beziehungsabhängigen Menschen ist mir kein einziger begegnet, der in der Gefahr gestanden hätte, nur noch sein eigenes Vergnügen und seine eigenen Interessen zu suchen. Für sie besteht die Gefahr vielmehr darin, daß sie blind bleiben für die angeborene Selbstsucht, die sich bei ihnen in beziehungsabhängigem Verhalten zeigt. Denn in einer beziehungsabhängigen Verbindung wird der andere nicht aufgrund seiner Persönlichkeit und seiner Charaktereigenschaften geliebt, sondern wegen des guten Gefühls, das er dem Beziehungsabhängigen vermittelt. Beziehungsabhängige mögen das Gefühl, gebraucht zu werden. Sie empfinden sich selbst nur dann als wertvoll, wenn jemand sie braucht, wenn sie für jemanden sorgen können. Beziehungsabhängige, die sich im Genesungsprozeß befinden, sind immer ganz überrascht, wenn sie die Selbstsucht erkennen, die hinter ihrem Verhalten steckte. Sie möchten, daß jemand anderes sich genauso um sie dreht, wie sie sich um andere drehen. Das verstehen sie unter Liebe. So „lieben" sie einen andern Menschen, und sie fühlen sich verletzt oder abgelehnt, wenn das vom Partner nicht genauso erwidert wird.

Wenn also bei Beziehungsabhängigen nach außen hin auch alles

Schautafel 10:
Die zwei Ausprägungen von Selbstsucht

Scham und die Angst, verlassen zu werden, bewirken:
Das Bedürfnis, andere zu kontrollieren.
Das Bedürfnis, andere zu manipulieren.
Das Bedürfnis, seinen eigenen Kopf durchzusetzen.

Das führt zu zwei verschiedenen Formen
selbstsüchtigen Verhaltens:

Beziehungsabhängige „Liebe"

Die Person fühlt ihr inneres Getriebensein, handelt aber scheinbar ruhig und zurückhaltend; tut für andere alles „zu deren Besten"; manipuliert durch Freundlichkeit; ist „nett" und „liebevoll", um sich Liebe von andern zu „verdienen" oder um einen anderen zu kontrollieren, indem sie bei ihm Schuldgefühle hervorruft; fühlt sich wertlos, bedürftig, hungert nach Liebe und Aufmerksamkeit; sieht sich oft als Opfer; gibt sich hilflos, wenn alles andere versagt, um zu bekommen, was sie möchte; will, daß sich andere genauso um sie drehen, wie sie es bei anderen tut; sie zögert, etwas anzunehmen, oder hat Schuldgefühle dabei.

Tyrannische „Liebe"

Die Person handelt kalt und gefühllos; betont, sie brauche nichts von anderen; zwingt andere durch Gemeinheiten oder Gewalt, schreit herum oder provoziert Machtkämpfe, um ihr Ziel zu erreichen; ist sich des eigenen inneren Schmerzes oder des eigenen Bedürfnisses nach Liebe und Aufmerksamkeit nicht bewußt; verachtet Leute, die hilfsbedürftig wirken; hat selbst panische Angst davor, auch abhängig oder bedürftig zu sein; deutet selbst legitime Bedürfnisse als Schwäche; will Bewunderung und Gehorsam; meint zu wissen, was für andere am besten ist; verlangt von anderen Gegenleistungen.

viel „liebevoller" wirkt, ist in ihrem Herzen doch genausoviel Selbstsucht wie bei mehr dominierenden und überheblichen Menschen (siehe Schautafel 10).

Geben und Nehmen

Wenn man lernen will, ausgewogen für sich selbst und für andere zu sorgen, dann geht es dabei mehr darum, ein Gleichgewicht zu gewinnen, und weniger darum, Selbstsucht durch Selbstlosigkeit zu überwinden. Sowohl tyrannische „Liebe" wie auch beziehungsabhängige „Liebe" sind unausgeglichen und verzerrt. Echte Liebe ist ausgeglichen, sie gibt und nimmt.

Das Bild der Gemeinde als Leib Christi ist in diesem Zusammenhang hilfreich. Paulus zeigt in 1. Korinther 12 mit viel Geschick am Zusammenspiel der unterschiedlichen Glieder unseres menschlichen Körpers, wie ausgewogenes Geben und Nehmen, wie also echte Liebe sich äußert. Jeder einzelne Körperteil ist wichtig und wertvoll. Er ist notwendig für die anderen und selbst abhängig von den anderen Körperteilen, und so muß jeder geben und nehmen. Beziehungsabhängige verhalten sich manchmal so, wie wenn ein Auge behaupte: „Weil ich kein Fuß bin, habe ich keinen Wert für den Körper." Manchmal ähneln sie auch einem rebellischen Fuß, der ohne die Hilfe des anderen Fußes und ohne Unterstützung der Beine und Gelenke loslaufen will.

Die meisten Beziehungsabhängigen sind in Familien aufgewachsen, in denen sie sich nicht darauf verlassen konnten, daß ihre physischen und emotionalen Bedürfnisse angemessen befriedigt wurden. Sie waren mehr oder weniger sich selbst überlassen und haben so nie gelernt, ausgewogen zu handeln, weil ausgewogenes Geben und Nehmen nicht möglich war. Für viele sind die Erwachsenen, die sie geprägt haben, „Nehmer" gewesen, die ihrem Kind nichts oder nicht genug geben konnten oder wollten. Oft stellen Beziehungsabhängige fest, daß der Therapeut der erste Mensch ist, der ihnen ohne Gegenleistung, aus freien Stücken, etwas gibt. Immer wieder sagten mir Patienten: „Ist es nicht erschütternd, daß ich jemanden dafür bezahlen muß, mich bedingungslos zu lieben?"

Leider ist auch die christliche Gemeinde solchen Menschen gegenüber nicht immer so offen, vorurteilsfrei und entgegenkommend, daß sie sich dort angenommen fühlen. Viele beziehungsabhängige Menschen haben mir von schlimmen Erfahrungen erzählt, die sie in dieser Beziehung hinter sich hatten. Sie hatten in christlichen Gemeinden und Kirchen bedingungslose Liebe gesucht. Und sie waren abgelehnt, verspottet und verurteilt worden. Jesus hat uns aufgefordert, einander zu lieben, damit die Welt erkennt, daß wir seine Jünger sind. Manchmal frage ich mich, was die Welt so denkt, wenn sie Geschichten über Christen erfährt, wie ich sie tagtäglich zu hören bekomme!

Echtes Geben begreifen

Um zu erklären, was echtes Geben ist, möchte ich die Bezeichnungen „beziehungsabhängiger Dienst" und „echter Dienst" gebrauchen. In Schautafel 11 habe ich beide Arten des Dienstes gegenübergestellt, um die Unterschiede herauszuarbeiten. Dabei wird deutlich, daß beziehungsabhängiger Dienst aus eigener Kraft und Anstrengung geleistet wird. Die Grundlage für diesen Dienst ist beziehungsabhängige „Liebe". Er verfolgt letztlich eigene Interessen, ist also mehr ein Dienst an sich selbst als ein Dienst an anderen.

Die Grundlage für echten Dienst ist die Liebe Gottes. Wie wir gesehen haben, besteht zwischen beziehungsabhängiger „Liebe" und echter Liebe ein gewaltiger Unterschied. Dasselbe gilt für beziehungsabhängiges Geben und Dienen gegenüber echtem Geben und Dienen. Keiner von uns – ob er beziehungsabhängig ist oder nicht – kann ohne die Kraft Gottes echte Liebe weitergeben und anderen wirklich dienen. Deshalb ist es so entscheidend wichtig, jegliche Kontrolle aus der Hand zu geben und den Willen und das Leben Gott zu übergeben. Für Menschen, die in beziehungsabhängigen Verhaltensmustern gelebt haben, um sich stark oder sicher zu fühlen, ist das Aufgeben dieses Lebensstils ein tagtäglicher geistlicher Kampf, ein fortwährender, lebenslanger Prozeß, der viel Disziplin und Mut erfordert. Diesen Kampf kann man nicht im

Schautafel 11:
Echter Dienst

Beziehungsabhängiger Dienst ...

... ist Dienst aus eigener Kraft, verbunden mit ungeheurer Selbstbeherrschung und großem Eifer.

Wer so dient ...
... dient besonders gern, wenn die Aufgabe im Rampenlicht steht;
... erscheint bescheiden und demütig, ist es aber in Wirklichkeit nicht.

... braucht zur Motivation greifbare Resultate, Belohnung und Wertschätzung anderer;
... lebt von Beachtung und Anerkennung;
... erwartet, daß andere sich für seinen Dienst erkenntlich zeigen.

... pickt sich heraus, wann, wo und wem er dienen möchte, je nach den für sich selbst erhofften Rückwirkungen;
... will für seinen Dienst stets etwas im Gegenzug empfangen;
... ist in seinem Dienst vom Gefühl bestimmt.

... braucht den Dienst als Rolle, als Persönlichkeitsersatz, zur Selbstbestätigung;
... fühlt sich nur wertvoll durch „Dienen".

... verhindert, daß der andere Verantwortung für sich selbst übernimmt;
... versucht, den anderen zu kontrollieren;
... nötigt anderen seine Hilfe auf, ohne zu fragen, ob sie das überhaupt haben wollen.

... dient anderen und liebt andere, sich selbst aber nicht;
... fühlt sich am Ende ausgebrannt, verbraucht, enttäuscht, verbittert.

... will sich selbst mächtig und sicher fühlen;
... gibt dem, der seine Hilfe empfängt, das Gefühl, schwach, unsicher und abhängig zu sein;
... beeinträchtigt die Gemeinschaft durch Manipulation.

Echter Dienst ...

... geschieht aus innerem Antrieb durch den Heiligen Geist. Obwohl Energie verbraucht wird, gibt es keinen massiven Zwang.

Wer so dient...
... tut jeden Dienst gern, auch wenn er klein oder unwichtig erscheint;
... ist wirklich bescheiden und handelt aus Freude am Dienst.

... bleibt, ohne daß es ihm etwas ausmacht, unbeachtet im Hintergrund;
... nimmt es nicht übel, wenn er keine Wertschätzung erfährt;
... kann Anerkennung ungezwungen annehmen, braucht sie aber nicht.

... dient gern jedem und zu jeder Zeit, unabhängig von der Stellung des anderen oder der zu erwartenden positiven Ergebnisse;
... dient nicht aus dem Bedürfnis heraus, bewundert zu werden oder sich wichtig und wertvoll zu fühlen.

... lebt im Bewußtsein, daß er wertvoll ist, weil Gott ihn liebt, weil er Gottes Kind ist.

... handelt selbstverantwortlich, läßt andere Verantwortung für sich selbst tragen;
... kann andere loslassen;
... schätzt Dinge und Menschen um ihrer selbst willen.

... kann ausgewogen geben und nehmen;
... stellt, ohne sich dabei ausgenutzt zu fühlen, eigene Bedürfnisse und Wünsche zeitweilig zurück, um für jemanden, der auf Hilfe angewiesen ist (z. B. Kinder, Schwerkranke), Verantwortung zu übernehmen;
... nimmt selbstverständlich Hilfe von anderen in Anspruch, wenn er sie braucht.

... stellt sich nicht über den, der seine Hilfe braucht, sondern neben ihn;
... weckt und stärkt im Hilfsbedürftigen das Bewußtsein, genausoviel wert zu sein, wie alle anderen Menschen auch;
... schafft partnerschaftliche Beziehungen;
... heilt und verbindet, statt die Gemeinschaft zu beeinträchtigen.

Alleingang gewinnen. Wir brauchen dazu Hilfe von Menschen in unserem Umfeld, besonders von anderen Glaubenden in der Gemeinde. In Kapitel 8 werden wir die Rolle beleuchten, die Kirche und Gemeinde bei der Entwicklung und auch bei der Genesung von Beziehungsabhängigkeit spielen.

Gesunde Beziehungen entwickeln

Wenn sich Beziehungsabhängige erst einmal auf dem Wege der Genesung befinden, kommt nach meiner Erfahrung früher oder später unweigerlich die Frage: „Wie sieht denn eine gesunde Beziehung überhaupt aus?" Diese Frage ist gar nicht so verwunderlich, denn viele Beziehungsabhängige haben weder in ihrem Elternhaus noch später als Erwachsene eine gesunde mitmenschliche Beziehung erlebt, in der sich alle Beteiligten gleichermaßen wohlfühlten. Sie wissen zwar inzwischen, daß beziehungsabhängiges Verhalten ein zerstörerischer Lebensstil ist und daß sie jetzt eigenverantwortliche Entscheidungen treffen und neue Verhaltensmuster entwickeln müssen. Aber wie nun eine gesunde Beziehung aussieht, das ist ihnen immer noch ein Rätsel. Manche fragen sich sogar, ob sie überhaupt zu einer gesunden Beziehung fähig sind.

Schritte auf dem Weg zu einer gesunden Beziehung

1. Akzeptieren, daß man nur sich selbst ändern kann, aber nicht den andern. Ja, es stimmt, ändern kann jeder nur einen einzigen Menschen, nämlich sich selbst. Wie oft bitten wir Gott, einen anderen zu ändern, aber wir weigern uns, Gott an uns arbeiten zu lassen. Erst wenn wir dazu bereit sind und gleichzeitig aufgeben, den anderen zu kontrollieren und zu manipulieren, wird es Veränderungen geben. Der erste Schritt in diese Richtung wäre, den anderen freizugeben, ihn loszulassen. Wie dieses Loslassen praktisch aussieht, machen die folgenden Prosaverse deutlich, die vor einiger Zeit in mehreren amerikanischen Zeitschriften abgedruckt wurden, der Verfasser ist unbekannt:

Loslassen heißt nicht, daß man aufhört, sich um den anderen zu kümmern. Es heißt einzusehen, daß es Dinge gibt, die man dem anderen nicht abnehmen kann.

Loslassen heißt nicht, sich zu verschließen, sondern zu akzeptieren, daß man den anderen nicht verändern kann.

Loslassen deckt den anderen nicht, sondern hilft ihm, aus den Konsequenzen seines Handelns zu lernen.

Loslassen heißt, sich seine Ohnmacht einzugestehen.

Loslassen heißt, nicht mehr einen anderen ändern oder für eigene Erwartungen einspannen zu wollen; es bedeutet vielmehr, daß ich nun aus mir selbst etwas mache.

Loslassen heißt, nicht für den anderen zu sorgen, aber für ihn dazusein.

Loslassen bindet nicht an die eigene Person, stützt aber den anderen.

Loslassen bedeutet, den anderen nicht zu richten, sondern ihm menschliche Schwächen zuzugestehen.

Loslassen heißt, sich nicht selbst zum Mittelpunkt zu machen, um den sich alles drehen muß, sondern den anderen eigene Vorstellungen verwirklichen zu lassen.

Loslassen heißt, den anderen nicht mehr zu decken, sondern ihn der Realität ins Gesicht schauen zu lassen.

Loslassen ist keine Verweigerung, sondern Annahme.

Loslassen ist kein Zanken, Nörgeln oder Streiten. Es bedeutet, die eigenen Fehler zu erkennen und zu korrigieren.

Loslassen heißt, nicht alles nach seinen Wünschen einzurichten, sondern jeden Tag so zu nehmen, wie er kommt und sich an ihm zu freuen.

Loslassen ist keine Kritik am anderen, sondern bedeutet, sich selbst zu ändern.

Loslassen bleibt nicht in der Vergangenheit hängen, sondern wächst und lebt für die Zukunft.

Loslassen ist weniger Furcht und mehr Liebe.

2. Eine echte, ernstgemeinte Bindung eingehen. Dieser zweite Schritt auf dem Weg zu einer gesunden Beziehung erscheint heute vielen Menschen schwierig. Auch Christen zögern manchmal, eine feste, dauerhafte Bindung einzugehen. Unausgesprochen scheint die Devise zu lauten: „Wenn es schlecht geht, dann gehe ich, und zwar zum Scheidungsrichter!" Ich muß zugeben, daß in unserer Zeit, wo Untreue und Ehebruch fast als normal angesehen werden, manchmal auch bei Christen eine Scheidung das kleinere von zwei Übeln ist. Doch ich habe den Eindruck, daß viele heute zu schnell aufgeben, wenn es für sie schwierig wird. Und es stimmt ja leider, daß es im Leben oft nicht fair zugeht. Oft bekommen wir nicht das, was wir uns wünschen oder meinen, verdient zu haben. Voraussetzung einer erfüllten Ehe ist eine doppelte Verpflichtung vor Gott: die Verpflichtung dem Ehepartner gegenüber und die Verpflichtung zur Ehe als unauflöslicher Bindung. Beide Verpflichtungen sind nötig, damit eine Ehe „klappt". Wenn es in der Beziehung Schwierigkeiten gibt, dann ist die Verpflichtung zur unauflöslichen Bindung der Ehe eine wertvolle Hilfe. Wird die Ehe selbst als langweilig, einengend oder uninteressant empfunden, dann trägt die Verpflichtung dem Partner gegenüber durch.

In jeder Ehe gibt es Kämpfe. Und wohl jeder Ehepartner hat irgendwann einmal eine schwache Stunde, wo er wünscht, er wäre dem andern nie begegnet. Eltern wünschen sich ja auch bisweilen, sie könnten ihre Kinder gegen einen neuen Sportwagen oder eine Weltreise eintauschen. Natürlich wissen wir, daß wir trotzdem unseren Kindern gegenüber verpflichtet bleiben, selbst dann noch, wenn sie uns tief verletzen. Doch zu unserem Ehepartner meinen wir sagen zu können: „Mit dir kann ich es nicht mehr aushalten. Deshalb nehme ich mir das Recht, mein Versprechen zu brechen."

Ich weiß, daß es in manchen Ehen körperliche, sexuelle oder emotionale Mißhandlungen gibt oder daß es zu wiederholtem Ehebruch kommt, und dann kann diese Verpflichtung wohl kaum noch aufrechterhalten werden. Wie kann aber eine Beziehung wachsen und reifen, wenn der eine Partner nie sicher sein kann, daß der andere auch dann noch zu ihm steht, wenn er versagt hat? Sogar Beziehungen, in denen es Mißhandlungen, Ehebruch und Vernachlässigung gegeben hat, können wieder heilen. Das erfordert allerdings viel Mut, viel Arbeit und eine erneute Verpflichtung *beider* Partner.

3. Sich dazu entscheiden, dem anderen zu vertrauen. Vertrauen ist zuallererst eine Entscheidung, dann erst ein Gefühl. Wenn ich darauf warte, bis ich mich danach fühle, bevor ich jemandem vertraue, dann werde ich es wahrscheinlich nie tun. Vertrauen ist ein Geschenk, das ich dem andern mache, und zwar so lange, bis sich erweist, daß der andere nicht vertrauenswürdig ist. In einer Ehe (oder in jeder anderen Beziehung) neues Vertrauen zu wagen, wenn es erst einmal zerbrochen ist, ist sehr schwer. Die eigentliche Schwierigkeit scheint mir dabei das Bedürfnis zu sein, sich zuvor vertrauensvoll zu „fühlen". Doch das muß nicht unbedingt vorausgehen. Ich kann auch jemandem vertrauen, selbst wenn ich noch Zweifel fühle. An dem anderen zu zweifeln war zu einer Gewohnheit geworden, die sich im Laufe der Zeit eingeschliffen hatte. Es wird nun eine Weile dauern, bis dieses Gefühl aufhört.

Wer nach England kommt, braucht einige Zeit, um sich an den Linksverkehr zu gewöhnen. Wer dann eine Weile auf der linken Straßenseite gefahren ist, sagt sich: „Ich mache das Richtige, aber es fühlt sich trotzdem falsch an!" Dann ignoriert man sein Mißbehagen und konzentriert sich trotz des „falschen Gefühls" weiter auf das Linksfahren. Irgendwann kommen dann auch die Gefühle nach, und schließlich fühlt man sich wohl beim Linksverkehr. Ähnlich ist es mit dem Vertrauen: Sie entschließen sich zu vertrauen und tun es – trotz Ihrer Zweifel –, bis sich zeigt, daß Ihr Entschluß richtig war oder daß er falsch war. Manchmal ist unser Gefühl, jemandem zu mißtrauen, berechtigt und manchmal nicht. Warten wir also auf den Beweis.

4. Damit umgehen lernen, daß beide Partner gleiche Rechte haben. Eine Beziehung, in der ein Partner immer dominiert und sich der andere ihm immer unterordnet, ist nicht gesund. Niemand kann lange in solch unfreiwilliger Unterordnung leben, ohne daß sich bei ihm eine Menge Schmerz und Groll anstaut, wenn auch nur unbewußt. Gesunde Menschen können beides, geben und nehmen. Sie haben es nicht nötig, immer alles zu bestimmen und dadurch den anderen zu unterdrücken.

5. Eine dauerhafte Freundschaft mit dem Partner entwickeln. In unserer Gesellschaft wollen wir alles sofort haben, es muß sofort fertig und sofort verfügbar sein. Das gilt auch für unsere Beziehungen. Wir wollen gesunde Beziehungen – und zwar sofort! Nur ist das leider nicht zu haben. Viele Menschen haben nie eine Beziehung über mehr als ein paar Jahre unterhalten, von den Eltern und Geschwistern einmal abgesehen. Doch selbst da kann der Kontakt aufhören. Unsere Gesellschaft ist so mobil, daß viele Kinder nie die Chance hatten, dauerhafte Freundschaften zu entwickeln. Ihre Großeltern, Tanten und Onkel sehen sie nur auf Hochzeiten oder Beerdigungen. Zu einer richtigen Freundschaft aber gehört gemeinsam Erlebtes, und das erfordert Zeit. Wenn ich von Leuten höre, die sich schon nach zwei oder drei Ehejahren scheiden lassen, dann bin ich traurig, weil ich meine, daß sich diese Menschen kaum kennenlernen konnten.

Freundschaft entsteht nicht, wenn wir lediglich eine bestimmte Zeit mit einem anderen Menschen zusammen sind, sondern vor allem dann, wenn wir mit dem anderen Schönes unternehmen und erleben. Wenn Sie mit Ihrem Ehepartner nichts weiter gemeinsam machen, als das Haus auf Vordermann zu bringen und den Garten zu pflegen, dann lauert Gefahr! Wir Menschen neigen dazu, angenehme Gefühle mit dem Menschen in Zusammenhang zu bringen, mit dem wir etwas Schönes erleben. Angenommen, ich spiele gern Tennis und gehe häufig mit meiner Freundin Susi zum Tennisspielen, dann bringe ich Susi mit meinen angenehmen Gefühlen beim Tennis in Zusammenhang. Das Problem vieler Ehen ist, daß die Partner alles Schöne mit anderen Leuten zusammen erleben und ihnen ihr Ehepartner dann immer weniger bedeutet. Ein bekannter amerikanischer Eheberater, Willard Harley, ermutigt Ehepaare dazu, füreinander „Freizeit-Partner" zu werden. Dem kann ich nur von ganzem Herzen beipflichten, denn die meisten von uns haben nur sehr wenig Zeit zur Entspannung. Warum sollten wir sie dann so verbringen, daß der Ehepartner davon ausgeschlossen ist?

Zusammenfassung. Wir haben festgestellt, daß beim Genesungsprozeß eine Reihe sich überschneidender Bereiche miteinbezogen werden müssen: Behandlung und Therapie, Teilnahme an Selbsthilfegruppen, Zusammenleben mit anderen Christen in der Gemeinde, Ehe- und Familienleben und Beziehungen zu Freunden. Im nächsten Kapitel wollen wir der Frage nachgehen, welche Rolle Kirchen, Gemeinden und christliche Gemeinschaften bei der Entwicklung von Beziehungssucht und im Heilungsprozeß spielen.

Kapitel 8
Beziehungsabhängigkeit
und christliche Gemeinschaften

Bisher haben wir uns hauptsächlich mit beziehungsabhängigen Lebensstrukturen bei einzelnen und in kleinen Gruppen, wie etwa in der Familie, befaßt. Interessanterweise sind solche Verhaltensmuster jedoch auch in Organisationen anzutreffen. Organisationen können tatsächlich Menschen, die dafür anfällig sind, süchtig machen.

Wahrscheinlich kennen die meisten von uns jemanden, der offensichtlich ohne seine Arbeit nicht leben kann, der also arbeitssüchtig ist, ein „Workaholic". Für ihn ist seine Firma zum zentralen Lebensinhalt geworden. Er ist so sehr auf seine Arbeit ausgerichtet, daß er den Kontakt zu anderen wichtigen Lebensbereichen verliert und tatsächlich das Gefühl hat, nicht weiterleben zu können, wenn er in den Ruhestand geschickt wird. Ohne die Firma ist das Leben für ihn sinnlos.

Auch die Kirche, Gemeinde oder christliche Gemeinschaft kann im Leben eines Menschen so sehr zum Mittelpunkt werden, daß man ihn als süchtig bezeichnen muß. Das klingt schockierend. Doch es läßt sich nicht bestreiten, daß es in vielen Gemeinden Mitarbeiter gibt, auf die das zutrifft.

Martha – eine Fallstudie

Ein besonders krasses Beispiel dafür ist die Mutter von einem meiner Klienten. Nennen wir sie Martha. Sie ist zwischen fünfundfünfzig und sechzig Jahre alt und hat drei erwachsene Kinder. Ihr erster Mann, der Vater ihrer Kinder, war Alkoholiker. Die beiden ließen sich scheiden, als das jüngste Kind zwei Jahre alt war. Einige Jahre später beging ihr Ex-Mann Selbstmord und später auch ihr Vater. Als ihr jüngstes Kind etwa sechs Jahre alt war, heiratete sie wieder, und ihr zweiter Mann adoptierte die Kinder. Während ihres Studiums wurden alle drei Kinder praktizierende Christen. Später nahm auch Martha Jesus Christus als ihren Erlöser an. Ihr Mann war anfangs ebenfalls für den Glauben aufgeschlossen. Aber mit der Zeit wurde er immer ablehnender. Martha war nämlich, seit sie Christin geworden war, dauernd „in Aktion". Auch ihren Kindern fielen die Veränderungen im Lebensstil ihrer Mutter auf, und sie befürchteten, daß Martha regelrecht „religionssüchtig" werden könne.

Bevor Martha sich für den Glauben geöffnet hatte, war sie ein ganz anderer Mensch gewesen. Sie und ihr Mann hatten viel miteinander unternommen, hatten Ausflüge gemacht, Golf und Tennis gespielt und waren öfter zum Kegeln und zum Angeln gegangen. Sie hatten einen regen Freundeskreis, mit dem sie vieles zusammen unternahmen, und häufig luden sie sich untereinander ein. Martha hatte Freude daran gehabt, es zu Hause hübsch und gemütlich zu machen, und wenn ihre Kinder mit ihren Familien zu Besuch kamen, gab es immer ein Festessen.

Nach ihrer Bekehrung hat sich Martha allerdings vollkommen verändert. Ihre alten Freunde interessieren sie nicht mehr. Tennis, Kegeln und Theaterbesuche hat sie aufgegeben. Statt dessen übt sie stundenlang Klavier, „damit ich auf Sonntag vorbereitet bin, wenn ich im Gottesdienst spielen muß". Alles, was sie früher mit ihrem Mann unternommen hatte, ist gestrichen. Denn sie verbringt alle Abende (manchmal sogar ganze Tage) in der Kirche. Ihr Heim, das gepflegt und gemütlich gewesen war, ist zum „Schlachtfeld" geworden, wie ihr Sohn sich ausdrückte. Martha hat keine Zeit mehr, zu Hause zu putzen, denn sie geht einmal jede Woche in die Kirche, um dort gründlich sauberzumachen. Sonntags ist sie fast den ganzen Tag weg. Daß ihr Mann dann allein zu Hause sitzt, scheint ihr nichts auszumachen. Morgens geht sie in die Gemeindebibelschule, dann zum Gottesdienst und schließlich noch zum Kirchenkaffee. Mittags kommt sie für zwei Stunden nach Hause, macht ein Fertiggericht und legt sich kurz hin, um für den Nachmittag in der Gemeinde wieder fit zu sein. Ihre Teilnahme am Gemeindeleben bekommt mehr und mehr zwanghafte Züge.

Eines Sonntags kommt ihr Sohn mit seiner Frau von außerhalb zu Besuch. Sie wollen aber nicht zur Kirche gehen, sondern lieber mit ihrem Vater zum Angeln fahren. Als Martha am Abend nach Hause kommt – sie hatte den ganzen Tag keine Zeit für ihren Sohn und seine Frau gehabt – und hört, daß die drei am Morgen keinen einzigen Fisch gefangen hatten, erklärt sie selbstgerecht: „Ich wußte, daß ihr nichts fangt, weil ihr nicht in die Kirche gegangen seid." Ein anderes Mal sagt ihre Schwiegertochter, als Martha zu einer weiteren kirchlichen Veranstaltung aus der Wohnungstür geht: „Viel Spaß!" Darauf erwidert Martha: „Ich werde keinen Spaß haben. Ich gehe ins Haus Gottes, um dem Herrn zu dienen!"

Die Beziehung zu ihrer Familie wurde immer gespannter. In der Gemeinde war Martha nett, freundlich, liebevoll und stets hilfsbereit. Wer sich mit einem Problem an sie wandte, konnte sicher sein, daß sie etwas für ihn tat. Doch Heiligabend lehnte sie es ab, zu Hause zu kochen, nachdem sie den ganzen Tag in der Kirche verbracht hatte. Sie hatte auch niemanden von der Familie gebeten, das Essen vorzubereiten. Sie hatte nicht einmal gesagt, wann sie nach Hause käme. Schließlich waren ihr Mann und ihre Kinder mit ihren Familien das Warten leid und bestellten für jeden eine Pizza ins Haus!

Ihr Sohn sagte mir, daß der Pastor und ihre Freunde in der Gemeinde bestimmt schockiert wären, wenn sie den Unterschied zwischen ihrem Benehmen zu Hause und in der Kirche sähen. Zu Hause ist sie nörgelig, rechthaberisch und gereizt. Immer will sie ihren Kopf durchsetzen und versucht dann auch noch, ihren Mann mit Gewalt zum Glauben zu bekehren.

Marthas Familie sieht erschüttert, wie ihre Gemeindeaktivitäten ihr Leben aufzehren. Sie vernachlässigt ihren Mann, ihre Kinder und die Enkel. Unlängst hat mein Klient mit seiner Frau seine Mutter und ihren Mann besucht. Sie hatten sich für diese Reise sogar einige Urlaubstage genommen. Während der drei Tage, die sie dort waren, schien es ihnen, als ob Martha immer entweder gerade von der Kirche heimkam und dann zu müde war, um sich mit ihnen zu unterhalten, oder gerade zur Kirche ging und dann keine Zeit für ein Gespräch hatte. Sie hielt es nicht einmal für nötig, mittags für sie zu kochen. Ihre wichtigere Pflicht als Christin sei es, bei allen Gemeindeaktivitäten mitzuarbeiten, sagte sie. Jedes Radio im Haus ist auf einen christlichen Sender eingestellt, obwohl ihr

Mann laut dagegen protestiert. Es ist, als müsse Martha ihren Geist ständig mit irgendwelchen religiösen Dingen füllen. –

Bei Martha zeigen sich alle Merkmale einer Sucht. Sie wird von ihrer religiösen Aktivität förmlich aufgesogen. An ihrem alten Freundeskreis und an Unternehmungen mit ihrem Mann, die ihr früher Freude gemacht haben, hat sie kein Interesse mehr. Sie lebt in zwei Welten. Wenn sie auf ihrem „Trip" – in der Kirche – ist, verhält sie sich ganz anders, als wenn sie zu Hause „Entzugserscheinungen" hat. Das kostet Martha die Freude am Leben, denn ganz offensichtlich macht ihr dies Verhalten selbst kein Vergnügen. Sie handelt lediglich so, um Schmerz zu vermeiden. Nur kann sie das natürlich nicht vor sich selbst zugeben. Sie leugnet, Probleme zu haben, und ist so unfähig, die eindeutig zerstörerischen Muster ihres Verhaltens zu erkennen. Ihr ältester Sohn versuchte einmal, ihr zu erklären, daß ihr Verhalten keineswegs, wie sie immer behauptete, den Grundsätzen der Bibel entspreche. Doch sie wollte das nicht hören, und so stürmte sie mit einem verärgerten „Halt den Mund!" aus dem Haus. Als später einmal ein anderes ihrer erwachsenen Kinder versuchte, ganz behutsam dies Thema auszusprechen, tauschte sie blitzschnell ihre Rolle, und statt ärgerlich zu werden, spielte sie diesmal das Opfer und jammerte: „Du weißt ja gar nicht, wie schwer es ist, mit deinem Vater zu leben. Er behandelt mich schrecklich." Statt sich dem Schmerz in ihrer Ehe zu stellen, benutzt Martha die Kirche als Ablenkung und als Beruhigungs- und Rauschmittel.

Versprechungen und Kontrolle

Martha ist nur ein Beispiel von vielen Menschen, für die ihre Kirche zum Suchtmittel geworden ist. Bei Forschungsarbeiten über süchtigmachende Organisationen haben amerikanische Wissenschaftler festgestellt, wie „Sucht" in diesem Fall hervorgerufen wird. Es gibt da zweierlei: „Versprechungen", die den Mitgliedern gemacht werden, und „Kontrolle". Schauen wir uns an, inwieweit sich diese beiden Dinge in Kirchen und Gemeinden finden, die ja auch Organisationen sind.

Zu einem süchtigmachenden System beziehungsweise einer Organisation gehört die *Versprechung* – wie bei Drogen –, dem Hier und Jetzt im Leben entfliehen zu können, wenn man sich darauf einläßt. Die Versprechung ist die vorgegaukelte Verlockung, was sein könnte oder geschähe, wenn man sich nur voll engagiert. Solche Versprechungen hören sich dann etwa so an: „Wenn du diese chemische Substanz nimmst, wirst du dich besser fühlen und dich in Gesellschaft freier und selbstbewußter verhalten." – „Wenn du dich unserem Team anschließt, wirst du von allen akzeptiert." – „Wenn du zu uns kommst, wirst du einer von uns, und dann fühlst du dich angenommen." – „Wenn du handelst wie wir, wirst du von allen anerkannt und bekommst dazu die Chance zu Erfolg und gesellschaftlichem Aufstieg." Solche Versprechungen verleiten dazu, sich nicht mit dem zu befassen, was jetzt ist, nämlich mit Schmerz und Traurigkeit. Das Versprechen lautet, wenn auch nicht immer offenkundig, sondern meist mehr unterschwellig: „Schließ dich uns an! Dann findest du Glück, Frieden, Sicherheit und gehobenes Selbstwertgefühl."

Wird Entsprechendes nicht auch oft von Christen gesagt? „Komm zu Jesus, und alles wird gut." – „Schließ dich unserer Gemeinde an, wir gehen den wahren biblischen Weg." – „Bei uns wirst du eine neue Familie, ein neues Zuhause, eine neue Identität finden." – „Bleib bei uns, und du wirst Sinn und Ziel finden. Du kannst mithelfen, die Welt bis zum Jahr 2000 für Christus zu gewinnen!"

Um das ganz klar zu machen: ich will keinesfalls entwerten, daß Jesus Christus uns Frieden, Geborgenheit und Sinn für unser Leben geben will. In der Bibel wird das deutlich gesagt. Ohne ihn verliert unser Leben seinen Wert. Doch können Versprechungen, wie ich sie oben aufgezählt habe, auch zur Gefahr werden, denn sie enthalten nur einen Teil der Realität. Beispielsweise sollen Glaubende in der Gemeinde tatsächlich so etwas wie eine neue Familie finden, in der sie sich geliebt und geborgen fühlen können. Doch heißt das nicht, daß sie mit allen „Familienmitgliedern" immer gut auskommen werden. Und selbst wenn ein Versprechen an sich wahr ist, weil es auf Aussagen der Bibel beruht, kann es doch verzerrt dargestellt und verzerrt gehört werden.

Es ist z. B. gar nicht so unwahrscheinlich, daß die „angepaßtesten" Mitglieder unserer evangelikalen Kreise Menschen sind, die aus gestörten Familien kommen. Diese Leute haben sich von dem Versprechen täuschen lassen, daß sie eine neue Familie finden werden. Sie erhofften sich in der christlichen Gemeinschaft das, was sie in der Kindheit nie hatten: Sicherheit, Anerkennung, Fürsorge, Lob, gute Vorbilder usw. Deshalb tun sie alles, um sich anzupassen – genauso wie sie es in der Kindheit getan haben. Sie fügen sich und erlernen die Spielregeln: sie entdecken, was zu tun und was zu lassen ist. Mit Eifer sind sie bemüht, stets das zu tun, was die Allgemeinheit erwartet. Nie würden sie wagen, vom vorgezeichneten Weg abzuweichen, denn sie haben Angst, dann auch diese Familie wieder zu verlieren. Manchen von ihnen wird es eines Tages mit ihrer eigenen „Linientreue" jedoch unbehaglich. Oft fühlen sie sich dann in der Gemeinde nicht mehr wohl, sie kommen im Glauben nicht mehr weiter und wenden sich am Ende wieder von der Gemeinde ab. Die Ursache dafür liegt möglicherweise darin, daß unsere Gemeinden oft so gleichförmig sind.

Das zweite, wodurch Organisationen suchtauslösend wirken können, ist die *Kontrolle*. Wer sich zu einer Kirche oder Gemeinde hält, hat solche Kontrolle meist schon einmal zu spüren bekommen. Am deutlichsten wird das bei den Kleidungsregeln. Ich wette, Sie können ohne lange nachzudenken sagen, wie diese „Regeln" in Ihrer Gemeinde aussehen. Meist wird darüber zwar nicht ausdrücklich gesprochen. Trotzdem weiß jeder, daß beispielsweise Jeans beim Sonntagmorgengottesdienst verboten, beim Gebetstreffen am Sonntagabend aber zugelassen sind. In den meisten Gemeinden fällt ein Mann ohne Schlips und Kragen auf wie ein buntes Huhn. Jeder weiß, daß „man" in der Gemeinde nur dann akzeptiert wird, wenn man „das Richtige" tut, und was das „Richtige" ist, entscheidet die jeweilige Gemeinde.

Ein guter Bekannter von mir ist noch nicht lange Christ. Kürzlich besuchte er ein Jüngerseminar. Er war überrascht, daß die Christen, die er dort kennenlernte, nie das Wort „verflixt" oder etwas Ähnliches über die Lippen brachten, wenn sie ärgerlich oder frustriert waren. Er schockierte die ganze Gruppe, als er einmal erwähnte, daß ihm die Paulus-Briefe besser gefallen, weil Paulus mehr den Kern der Sache treffe, während nach seiner Ansicht Jesus durch seine Gleichnisse irgendwie um den heißen Brei herumrede. So etwas überhaupt zu denken, gilt schon als verwerflich. Aber es dann auch noch auszusprechen – wie kann man nur …

Schade, daß dieser Mann, wenn er sich anpaßt, in vielleicht einem Jahr irgendwie farbloser, langweiliger und weniger spontan sein wird – nämlich so wie wir!

Ob man sich einer Kirche oder Gemeinde anschließt, hängt oft davon ab, inwieweit man sich selbst zurücknimmt und an die anderen anpaßt. Wer sich nicht so verhält, so spricht oder sich so kleidet wie die anderen, riskiert, von ihnen gemieden zu werden.

Vor Jahren gehörte ich zum Mitarbeiterstab einer großen evangelikalen Gemeinde. Ein guter Freund und der Pastor dieser Gemeinde waren so ehrlich, daß sie mir rieten, andere Gelegenheiten zur Mitarbeit zu suchen, weil es in diesem Mitarbeiterkreis zu ehrgeizig, starr und gesetzlich zugehe. Damals schlug ich diesen Rat in den Wind und behauptete, gerade eine solche Struktur zu brauchen. Einige Monate später zog ich dann in eine andere Stadt und arbeitete dort wieder in einer Gemeinde mit. Wenig später war das Leiterehepaar mit dem Mitarbeiterteam aus meiner früheren Gemeinde in meiner neuen Gemeinde zu Gast, um ein Seminar durchzuführen. Nach den Vorträgen fragte ich einen meiner neuen Freunde, was er von diesen Leuten halte. Ich kann mich noch genau an seinen Kommentar erinnern: „Tja, was sie gesagt haben, war prima, aber sie kamen mir alle wie Ableger des Leiterehepaares vor – von den beigen Cordjacken, den Aktentaschen und den Schlipsen bei den Männern angefangen bis zu den Röcken, Blusen, Halstüchern und Leinentaschen bei den Frauen!" Ich mußte lachen und begann zu begreifen, daß mein Pastor damals recht gehabt hatte: Es ging in dieser Gruppe tatsächlich zu starr, zu ehrgeizig und gesetzlich zu.

Eine großartige Aufgabe

Bei der Erforschung von Organisationen als „Suchtmittel" hat man eine eigentümliche Feststellung gemacht. Je großartiger nämlich ihre Sendung dargestellt wird, desto weniger Übereinstimmung gibt es mit den erklärten oder unausgesprochenen Zielen. Es wurde auch festgestellt, daß dann, wenn dieser Mangel an Übereinstimmung auftritt, die Mitglieder dieser Organisation ein starres Leugnungssystem entwickelt haben, indem sie vor sich selbst und nach außen hin vorgeben, besser zu sein, als sie tatsächlich sind.

Organisationen, die sich zur Aufgabe gemacht haben, anderen irgendwie zu helfen (wie Kirchen, Bekenntnisschulen oder sozialdiakonische Einrichtungen), lehnen es oft ab, die Ziele ihrer Arbeit klar und eindeutig zu umreißen. Sie bleiben mit ihren Definitionen lieber vage und abstrakt, weil dann ja nie gesagt werden kann, daß nur sehr wenige ihrer Mitglieder das gesteckte Ziel erreichen oder daß Veränderungen, wenn sie überhaupt geschehen, so geringfügig sind, daß sie kaum feststellbar sind.

Denn das zuzugeben, tut weh, und diesem Schmerz kann man am leichtesten entgehen, wenn man erst gar kein konkretes Ziel nennt. Statt dessen wird mit hochtrabenden Worten beteuert, wie wichtig, erhaben und großartig die gemeinsame Sache ist, und das wirkt dann auf die Mitglieder wie ein „Schuß" bei Drogenabhängigen. Sie haben das erhebende Gefühl, wichtig und unersetzlich zu sein, weil sie an einer so großartigen Aufgabe mitwirken.

Ganz ähnliches läßt sich in manchen christlichen Gemeinden und in gemeindeähnlichen Organisationen beobachten. Viele Gemeinden halten Aussagen über ihre Zielvorstellungen so allgemein und vage, als hätten sie überhaupt keine. Wenn man die durchschnittlichen Gottesdienstbesucher im evangelikalen Raum fragt, welches Ziel ihre Gemeinde verfolgt, bekommt man wahrscheinlich von jedem eine andere Antwort. Probleme zu leugnen und Mißerfolge großzügig zu bemänteln, scheint bei vielen immer mehr zuzunehmen.

So sind mir allein in diesem Jahr in meiner Praxis sieben Menschen begegnet, die Probleme mit chronischem Lügen haben, obwohl sie sich selbst als „wiedergeboren" bezeichnen. Bei drei oder vier von ihnen ist das Problem so schlimm, daß es als gravierende Persönlichkeitsstörung zu bewerten ist. Trotzdem sagen sie, daß sie Jesus als ihren Herrn lieben, und sie hatten oder haben auch

Ämter in ihrer Gemeinde inne. Wenn jemand die Aufrichtigkeit ihres Glaubens in Frage stellte, wären sie sicher zutiefst gekränkt. Sie sind überzeugt, an einer „großartigen Sache" Anteil zu haben. Und die Gemeinden, zu denen sie gehören und in denen sie mitarbeiten, ermutigen sie indirekt dazu, weiterhin sich selbst und anderen vorzugaukeln, daß sie mehr sind oder besser sind, als es tatsächlich der Fall ist. Niemand möchte Unruhe ins Gemeindeschiff bringen, indem er darauf hinweist, daß es sich schon längst nicht mehr fortbewegt, sondern in der Gefahr steht zu sinken. Für diese Menschen ist ihr Christsein zum Suchtmittel geworden – zu einer Möglichkeit, mit ihrer Scham umzugehen, ohne ihr Verhalten ändern zu müssen.

Süchtigmachende Religion oder gesunder Glaube

Die Gefahr, „religionssüchtig" zu werden, besteht immer dann, wenn echtes, geistliches Erleben mit der Einhaltung gewisser religiöser Regeln und Gesetze verwechselt wird. Statt daß unser geistliches Leben uns dazu befreit, so zu lieben, wie Christus geliebt hat, indem wir Gott aktiv unser Leben gestalten lassen, verfangen wir uns in Abhängigkeiten von Regeln, Verhaltensweisen, Überzeugungen und Dogmen.

Wie können wir aber zwischen neurotischer, abhängigmachender Religiosität und gesundem Glauben unterscheiden? In Schautafel 12 sind dazu eine Reihe von Merkmalen zusammengestellt.

Sucht bei Mitarbeitern christlicher Gemeinden

Studien über das Verhalten in Organisationen, also beispielsweise Vereinen oder politischen Parteien, haben ergeben, daß solche Vereinigungen häufig die Wesensmerkmale ihrer Hauptverantwortlichen übernehmen. Manche Beobachtungen zeigen sogar, daß die Schlüsselperson in der Vereinigung oft den Ton für das gesamte System angibt. Besonders ausgeprägt zeigt sich das, wenn die Schlüsselperson(en) selbst süchtig ist/sind. Ob es sich dabei um

Schautafel 12:
Beziehungsabhängige Religion oder gesunder Glaube

Beziehungsabhängige Religiosität ...

1. ... führt bei Betroffenen zu einer verzerrten Vorstellung von sich selbst. Sie erwarten, daß religiöse Erlebnisse ihnen klarmachen, wer sie sind, was sie brauchen, was sie möchten und was sie fühlen. Sie leiden unter mangelnder Selbstsicherheit.

2. ... weicht persönlicher Verantwortung und persönlichen Entscheidungen aus. Für Betroffene ist alles von der Kirche oder der Gemeinschaft vorbestimmt.
... ist menschlichen Autoritäten hörig.

3. ... sieht nur schwarz oder weiß und kennt nur richtig oder falsch. Deshalb ist das Leben der Betroffenen gespalten;
... sieht bestimmte religiöse Verhaltensweisen als geistlich und deshalb äußerst wichtig an. Betroffene halten sich aber im alltäglichen Leben häufig nicht daran. Sie befolgen sie in der Öffentlichkeit, verhalten sich privat aber anders, ohne das selbst zu erkennen.

4. ... verspricht durch religiöse Erlebnisse, Betroffene von ihrer Ohnmacht zu befreien.
... neigt dazu, das Glaubensleben an bestimmten Personen oder an besonderen Glaubensauffassungen und Ritualen festzumachen, zum Beispiel an einem mitreißenden Evangelisten oder an einer bestimmten Form der Taufe usw.

5. ... führt – häufig samt dem „religiösen System" – zu Arroganz und Unbelehrbarkeit. Betroffene sehen nur sich selbst als „richtig" an und fühlen sich durch andere Standpunkte bedroht.

6. ... führt zu magischem Denken, z. B.: „Wenn ich meine Stille Zeit halte, wird Gott mein Gebet erhören";
... läßt das Leben als ein undeutliches Rätsel erscheinen, wobei es darum geht zu erahnen, was „Gottes Wille" ist;
... macht glauben, daß das Leben glatt verläuft, wenn man das „Richtige" tut, und man ist enttäuscht, wenn das nicht eintritt.

7. ... verleitet dazu, die Verantwortung für das eigene Verhalten oder für das, was man tut, zu schmälern. Der Beter sagt: „Ich überlasse Jesus alles. Er tut alles und ich kann nichts" oder „Dazu hat mich der Teufel getrieben."

Reife, gesunde Glaubenserfahrung ...

1. ... führt zu einem gesunden Empfinden für sich selbst und für das, was man möchte, braucht, denkt oder fühlt. Dafür ist keine Bestätigung von außen nötig.

2. ... ist fähig, die Verantwortung für die eigenen Entscheidungen zu übernehmen.
... stützt sich nicht übermäßig auf menschliche Autoritäten, sondern befragt Gott.

3. ... kann Widersprüche im Glaubensleben ertragen;
... erkennt an, daß nicht alles schwarz oder weiß ist, daß es auch Unbekanntes oder Grauzonen gibt;
... hat keine Angst vor gedanklichen Zweifeln, ist offen für Auseinandersetzungen;
... möchte, daß das eigene Verhalten in jedem Lebensbereich von Jesus geprägt ist.

4. ... sieht Gott an als den persönlichen Herrn. Der Glaubende betet zu ihm und gehorcht ihm, weil er ihn liebt, und nicht, weil er von ihm Frieden und Entlastung von Problemen erwartet. – Pastoren oder Gemeindeleiter sind für ihn Weggefährten, die menschliche Schwächen haben wie jeder andere auch.

5. ... ist offen und lernbereit, erkennt unterschiedliche Standpunkte an bei Bibelauslegung und religiösen Ritualen.

6. ... gehorcht nicht, um sich davon gewisse Vorteile bei Gott zu erhoffen. Der Glaubende freut sich darüber, daß Gott ihn liebt und sich um ihn kümmert.

7. ... kann unterscheiden zwischen dem, was Gott tut und dem, wofür wir als Menschen selbst verantwortlich sind. Glaubende leben nach Philipper 2, 12f: „Schaffet, daß ihr selig werdet mit Furcht und Zittern. Denn Gott ist's, der in euch wirkt beides, das Wollen und das Vollbringen, zu seinem Wohlgefallen."

Alkohol-, Tabletten- oder Drogensucht handelt, um Arbeits- oder Beziehungssucht oder um die Sucht, anderen zu „helfen", in jedem Fall haben diese Leitungspersönlichkeiten einen enormen Einfluß. Es gehört zum Wesen einer Sucht, daß sie den Süchtigen ins Blickfeld rückt. Sich auf den Süchtigen und seinen Einfluß zu konzentrieren, fordert von der Organisation als Ganzes und von ihren einzelnen Mitgliedern unerhört viel Kraft. Süchtige neigen dazu, in einer Weise zu reagieren, die für andere schwer zu verstehen und nachzuvollziehen ist. Sie lösen sich mehr und mehr aus dem Mechanismus der normalen Rückmeldungen innerhalb der Organisation, und deshalb ist die Verständigung mit ihnen eingeschränkt und verworren. Je höher die Position des Süchtigen in der Organisation ist, desto weniger wird sein Verhalten durch Rückmeldungen von anderen überprüft und desto mehr wächst seine Isolation.

Auch christliche Kirchen und Gemeinden sind Organisationen. In ihnen gelten weitgehend dieselben Gesetzmäßigkeiten wie in anderen Organisationen. Wenn die leitenden Mitarbeiter einer Kirche oder einer Gemeinde in irgendeiner Form süchtig sind, dann sind alle anderen Mitglieder davon mitbetroffen. Die ganze Gemeinde oder Gruppe und auch ihre einzelnen Mitglieder fangen dann an, sich co-abhängig zu verhalten, genauso wie es die Mitglieder einer gestörten Familie tun, wenn ein Familienmitglied süchtig wird.

Die Regeln, die in einer gestörten Familie wirken, gelten auch in der „Kirchenfamilie": „Sprich nicht!" „Fühle nicht!" „Vertraue nicht!" Die Gemeindemitglieder wagen es dann nicht mehr, ihren eigenen Gefühlen und Intuitionen im Blick auf das Verhalten des Süchtigen zu trauen. Sie stellen eher sich selbst in Frage als den Süchtigen. Vielleicht sprechen sie noch mit anderen Gemeindemitgliedern über ihre Bedenken, aber niemals mit dem Süchtigen selbst. Aus der Furcht heraus, mißverstanden zu werden oder kritisch und ungeistlich zu erscheinen, wagen sie nicht mehr, anderen zu vertrauen. Manche vermuten, daß etwas nicht stimmt, aber sie gehen ihren Bedenken nie auf den Grund. Andere wissen, was da vor sich geht, aber sie wollen keinem der leitenden Mitarbeiter Unannehmlichkeiten machen.

Wie reagieren Organisationen gegenüber Süchtigen in Leitungsfunktionen? Es gibt zwei typische Methoden. Erstens: mehr Überwachung (Kontrolle). Zweitens: das Problem wird psychologisiert, um den Süchtigen dazu zu bewegen, nach Hilfe zu suchen. Nur selten wird das Ganze als Suchtprozeß gesehen. Indem man den Süchtigen stärker kontrolliert, macht man sich selber vor, alles noch in der Hand zu haben. Und wo alles psychologisiert wird, kommt es zu einer Fehldiagnose des Problems und somit auch zu Fehllösungen.

Nach meiner Erfahrung gibt es im kirchlichen Raum noch einen zusätzlichen Mechanismus, mit dem versucht wird, die süchtige Person zu „behandeln": Man erklärt das Ganze zum geistlichen Problem, wobei die psychologische Deutung mit eingeschlossen sein kann.

Am Beispiel eines noch unverheirateten jungen Pastors aus unserer Gegend wird das deutlich. Er hatte eine gute Ausbildung abgeschlossen und ging mit viel Schwung an seine Aufgaben. Die Mitglieder seiner Gemeinde fanden ihn zwar ein bißchen ungeschliffen und manchmal sogar gefühllos, aber anfangs schrieben sie das nur seiner Jugend und seiner Unerfahrenheit zu. Doch nach einer Weile merkten sie, daß er sich oft wirklich anormal verhielt und außerdem häufig zuviel Alkohol trank. Aber dann sagten sie sich, sie dürften ihn nicht verurteilen, sondern müßten ihm mit Barmherzigkeit begegnen. Zwei Jahre vergingen, bis einigen Gemeindegliedern klar wurde, daß ihr Pastor tatsächlich alkoholabhängig war, und sie mit den Gemeindeältesten darüber sprachen. Die Ältesten hatten die Probleme auch längst bemerkt, mochten ihren Pastor aber nicht als Alkoholiker bezeichnen. Deshalb suchten sie Rat bei einem Mitglied ihrer überörtlichen Kirchenleitung. Der hörte sich die Bedenken und Beschwerden an und redete ihnen dann zu, eindringlich für den Pastor zu beten. Er sprach auch selbst mit dem Pastor und bat ihn, weniger schroff zu sein und mehr Mitgefühl zu zeigen. Auch hier meinte man, daß alles nur ein geistliches Problem sei und daß sich die Schwierigkeiten überwinden ließen, wenn jener Pastor nur mehr das „Herz eines Hirten" entwickelte. Einige Monate vergingen, aber es besserte sich gar nichts. Deshalb schlug die überörtliche Kirchenleitung dem Pastor vor, an einem Fortbildungskurs teilzunehmen, der auch eine psychologische Beratung einschloß. Man hoffte, das Problem so irgendwie lösen zu können. Der Pastor machte sich auf die Reise, fand den Kurs interessant – und trank weiter. Das Problem war eben nur psychologisiert worden. Monate gingen ins Land, bis die Gemeindeältesten einen neuen Versuch starteten. Sie überreichten ihrem Pastor eine Aufstellung bestimmter Verhaltensweisen, die sich wandeln müßten, und gaben ihm drei Monate Zeit, sich zu ändern. Sie versuchten so, sein Verhalten stärker zu kontrollieren. Doch auch dadurch änderte sich nichts, und am Ende der drei Monate kündigte er freiwillig und wurde mit ihrem „Segen" in eine andere Gemeinde ausgesandt!

Niemand hatte ihm gegenüber erwähnt, daß sein eigentliches Problem der Alkoholismus war. Er hätte die Ältesten dann ja der Verleumdung bezichtigen können. Deshalb brachten sie die Fakten nie zur Sprache und trugen so mit dazu bei, daß eine weitere arglose Gemeinde unter diesem Pastor und seinem Alkoholismus zu leiden hatte.

Die Buchautoren Schaef und Fassel stellen heraus, daß es gewöhnlich vier Wege gibt, wie Menschen in einem süchtigmachenden System mit dem Süchtigen und miteinander umgehen. Sie ähneln den Rollen, die in Alkoholikerfamilien und anderen gestörten Familien zu finden sind. Alle diese Verhaltensweisen sind in gewisser Weise Ausdruck einer Co-Abhängigkeit: 1. wird eine Familienrolle gespielt; 2. wird absolute Leugnung an den Tag gelegt; 3. weicht man aus; 4. wird stellvertretend gehandelt. Wenden wir diese Verhaltensweisen auf das Beispiel unseres alkoholsüchtigen Pastors an.

1. Übernahme einer Familienrolle. Für die meisten Gemeindeglieder war der Süchtige eine geistliche Vaterfigur, und deshalb wurde er auch nicht in Frage gestellt. Sogar diejenigen, die das Problem klar erkannten, verhielten sich zu ihm wie Kinder gegenüber griesgrämigen Eltern. Sie hatten Angst vor ihm und seiner „Macht" als Pastor.

2. Absolute Leugnung. Die Gemeindemitglieder vergötterten und idealisierten ihren Pastor. Es konnte doch bei ihm oder bei der Gemeinde nicht wirklich etwas verkehrt sein. Die Bedenken anderer Gemeindemitglieder fanden sie lächerlich.

3. Ausweichmanöver. Darin waren sich alle Beteiligten einig, die Gemeindemitglieder und auch die überregionale Kirchenleitung: Sie wichen dem eigentlichen Problem aus. Die Angst vor der Reaktion des Pastors hielt sie davon ab, mit ihm offen über seine Alkoholabhängigkeit zu sprechen.

4. Stellvertretendes Handeln. Manche Gemeindemitglieder wurden zu wahren Helden bei ihren Versuchen, mit all ihrer Kraft die Probleme in der Gemeinde für den Pastor zu bewältigen und seine Schwächen wettzumachen. Andere fühlten sich isoliert und vom Gemeindeleben abgeschnitten, ähnlich wie „vergessene Kinder" in einer gestörten Familie. Manche verließen sogar die Gemeinde und suchten sich eine andere. Einige versuchten als „Clowns", die anderen aufzuheitern und alles als nicht so tragisch hinzustellen. Sie wollten dazu beitragen, daß sich die Gemeindemitglieder in ihrer bedrückenden Lage besser fühlten. Als gute Co-Abhängige konnten sie es nicht ertragen, daß sich jemand mies fühlte. –

Außerdem wird deutlich, wie der Pastor in seiner Position als geistlicher Führer abgeschnitten war von den Rückmeldungen aus seiner Umgebung, die ihm normalerweise gezeigt hätten, daß mit ihm etwas nicht stimmte. Viele Christen neigen dazu, Pastoren und andere hauptamtliche Mitarbeiter als unfehlbar anzusehen. So war es auch in jener Gemeinde, und deshalb leugneten die Leute so hartnäckig das eigentliche Problem. Es gab auch Fragen, was das Verhalten des Pastors auf sexuellem Gebiet betraf, aber daran wollte erst recht niemand rühren.

Niemand hat sich klargemacht, daß auch der Pastor unter der verfahrenen Situation litt. Jeder tat so, als sei alles in Ordnung, und dadurch bestärkte man ihn darin, seine Probleme zu leugnen. Doch auf Dauer tut es weh, so vieles vor sich selbst und anderen geheimhalten zu müssen, und die Schuldgefühle, die jemand in solch einer Situation hat, türmen sich schließlich auf wie ein Berg. Sich dann des Pastors zu entledigen, ist eine feige und lieblose Lösung. Doch habe ich diese Taktik leider mehr als einmal miterlebt.

Wenn so verfahren wird, bleiben auch die Probleme der Gemeinde im verborgenen: die allgemeine Angst davor, Fehler einzugestehen und konsequent zu handeln. Die Chance, zu mehr Ehrlichkeit und Offenheit zu gelangen, wird so vertan. –

Alkoholismus ist jedoch nicht die einzige Sucht, die uns in christlichen Gemeinden begegnet. Auch Sexualsucht und krankhaftes Eßverhalten finden sich da im Verborgenen, und zwar sowohl bei einfachen Gemeindemitgliedern wie auch bei hauptamtlichen Mitarbeitern.

Viele Experten auf diesem Gebiet sind der Ansicht, daß religiöse Menschen, besonders auch Geistliche, auffallend anfällig für *Sexualsucht* sind. Es scheint, daß Sexualsüchtige häufig über die Religion die tiefe Scham kompensieren, die sie in sich fühlen. Weil Scham Süchte verfestigt, entsteht aus der Ächtung der Sexualität, wie sie uns in vielen Kirchen begegnet, für den Sexsüchtigen eine doppelte Bindung. Denn wenn Sex als „verboten" und „schlecht" bezeichnet wird, etwas, das man nicht tut oder worüber man nicht spricht, erhält damit die Sexualität unbeabsichtigt ein besonderes Gewicht. Wenn ich zu Ihnen sage: „Denk ja nie an rote Affen!" – woran denken Sie dann? Richtig! An rote Affen! Dasselbe passiert, wenn gesagt wird: „Denk nur nicht an Sex!" Man denkt dann erst recht daran.

Wie kommt es, daß Geistliche für Sexualsucht besonders anfällig sind? Dr. Patrick J. Carnes, ein führender Experte auf diesem Gebiet, hat herausgefunden, daß dazu besondere Faktoren beitragen, die zum Beruf eines Geistlichen gehören. Einige davon sind:

1. Idealisierung des Pastors und anderer christlicher Leiter als nahezu unfehlbare, übermenschliche Personen. Viele Gemeindeglieder versehen ihre Leiter oft mit dermaßen übermenschlichen Qualitäten, daß für natürliches Menschsein und Schwächen kein Raum mehr bleibt. Wenn jemand, der sich für einen geistlichen Beruf entscheidet, zwanghafte Probleme mit der Sexualität hat, wird es ihm sehr schwer werden, mit der Vergötterung und den idealisierenden Erwartungen der ihm Anvertrauten zu leben – weil diese Erwartungen seine inneren Zwänge noch verstärken. Je mehr er versucht, seinen Zwängen zu widerstehen, um so mehr ergreift ihn seine Besessenheit. Dieser innere Konflikt verstärkt das Bedürfnis, die Probleme zu leugnen und geheimzuhalten, und das wiederum verfestigt seine Sucht. Carnes schreibt: „Als die Autorität der Kirche bemüht wurde, um kindliches Sexualverhalten zu ächten, lieferte sie damit einen wesentlichen Bestandteil für innere Zwänge, nämlich das Verbotene. Wenn einem Kind im Alter von fünf Jahren gesagt wird, daß es in die Hölle kommt, wenn es seine Genitalien berührt, hinterläßt das einen tiefen Eindruck. Etwas äußerst Angenehmes wird mit intensiver sexueller und religiöser Scham verschmolzen. Kommen zu einem solchen Erlebnis noch Fehlinformationen und sexueller Mißbrauch in der Kindheit, dann wird durch die Koppelung von Erotischem mit dem Verbotenen aus einer moralischen Angelegenheit eine psychische Krankheit."

Was könnte „verbotener" sein als ein Pastor mit Sexualsucht? Ich erinnere daran, daß sich Sucht verfestigt durch Geheimhaltung und Scham. Wieviele Menschen, die in einem geistlichen Beruf stehen, könnten es wohl wagen, mit einem Kollegen oder einem Mitarbeiter über ihre geheime Sucht zu sprechen? Weil Süchte am besten gedeihen, wenn sie geleugnet und geheimgehalten werden, gehört es zu den ersten Schritten auf dem Weg zur Befreiung, die Fessel von Scham und Geheimhaltung durch Bekennen zu zerbrechen. Wir müssen unser Unrecht vor Gott und uns selbst und vertrauenswürdigen Menschen gegenüber zugeben.

2. Hüter der Moral. Diese Rolle auszufüllen, gehört nach der Ansicht vieler Christen zu den Aufgaben eines Geistlichen in der Gemeinde. Man erwartet von ihm, daß er durch sein Beispiel und seine Lehre als Gewährsmann für moralische Werte einsteht. Bei Geistlichen, die an zwanghaften sexuellen Störungen leiden, werden die inneren Zwänge durch diese hohen Anforderungen noch verstärkt.

3. Inhaber einer Vertrauensposition. Pastoren und anderen Leitungspersönlichkeiten wird von den Gemeindegliedern oft großes Vertrauen entgegengebracht. Sie haben deshalb große Autorität und viel Einfluß. In dieser herausgehobenen Position ist es für einen Sexualsüchtigen sehr leicht, seine Probleme zu verbergen. Ihre Rolle als Berater oder Seelsorger kann Pastoren außerdem in die Gefahr bringen, in eine Abhängigkeitsbeziehung zu Menschen zu geraten, die für sexuelle Ausbeutung anfällig sind.

4. Ausgebranntsein. Sich im Dienst für andere total zu verausgaben, gehört zum Berufsrisiko eines Pastors. Nur zu leicht überschätzen sie ihre Kräfte und sind eines Tages emotional völlig ausgelaugt. Viele Pastoren arbeiten allein oder mit einem sehr kleinen Mitarbeiterkreis. Die Anforderungen an sie sind enorm, und sie überarbeiten sich nur zu oft. Es ist für Pastoren nicht leicht zu verhindern, daß sie als unersetzlich angesehen werden. Daraus kann sich ein besonderes Sendungsbewußtsein entwickeln. Diese Überzeugung, unersetzlich zu sein, weil andere von ihrem Dienst abhängig sind, ist ein idealer Nährboden für die Problemverleugnung und Zwanghaftigkeit, die Suchtverhalten verfestigt. Eigentümlicherweise können Geistliche, die in irgendeiner Form süchtig sind, manchmal andern helfen, ihre Probleme einzugestehen und daran zu arbeiten – und dabei ihre eigene Situation nicht objektiv erkennen.

5. Berufung. Manche Menschen fühlen sich deshalb zu religiösen Berufen hingezogen, weil sie unbewußt hoffen, auf diesem Wege den Konflikt umgehen zu können, der durch ihre sexuellen Süchte und Zwänge hervorgerufen wird. Es ist fast so, als sagten sie zu sich selbst: „Daß ich so schlecht bin, kann ich nur wettmachen, indem ich mein Leben opfere und mich in der Arbeit für den Herrn verzehre." Tatsächlich aber macht ein religiöser Beruf das Problem der Scham nur noch schlimmer. Der Deckmantel beruflicher Redlichkeit reicht nicht aus, um die innere Scham zu heilen, sie wird nur überdeckt.

So kommt es, daß sich bei vielen aufrichtig Glaubenden – Geistliche eingeschlossen – eine Anfälligkeit für Sexualsucht findet. Das heißt nicht, daß der Glaube einen Menschen sexuell abhängig macht. Doch schafft Religiosität besonders gute Bedingungen für die Entwicklung einer Sexualsucht. Daß Pastoren und Christen allgemein genauso fehlerhaft sind wie andere Menschen und daß sie wie andere mit menschlichen Problemen zu kämpfen haben, ist im christlichen Kulturkreis für viele undenkbar. Deshalb sind viele hauptamtliche kirchliche Mitarbeiter isoliert und tragen ihre Last im Verborgenen, statt die Heilung zu suchen, die sie brauchen. Sexualität ist ein großes geheimes Problemfeld im christlichen Raum. Wir müssen diese Bereiche in unseren Gemeinden offen aussprechen, damit sich niemand mehr wegen seiner Probleme schämen und sie vertuschen muß und so seine Sucht verfestigt wird.

Eßstörungen sind ein weiteres Gebiet süchtigen Verhaltens, für das Christen besonders anfällig sind, wenn sie auch – im Gegensatz zu anderen Süchten – weithin für verzeihlich gehalten werden. Irgendwie wird Völlerei und Schlemmerei häufig übersehen, wenn manche Fromme in der Bibel nach Sünden forschen, vor denen zu warnen ist. Doch unter dem Deckamntel ihres „Sonntags"-Benehmens liegt bei vielen die Qual und der Schmerz ihrer Eßstörungen verborgen.

Die Anorexie wuchert hier genauso wie die Bulimie. Bei der Anorexie oder Magersucht hat die Betroffene – meistens eine Frau – Angst vor Nahrung und schränkt das Essen systematisch immer mehr ein, weil sie befürchtet, zu dick zu werden. Eine Magersüchtige denkt, sie sei dick, obwohl sie in Wirklichkeit eher verhungert. Sie nimmt Abführmittel und Diättabletten und unterwirft sich anstrengender Gymnastik, um ihr Gewicht zu kontrollieren. Bei Bulimie oder Eß-Brechsucht fürchtet die Betroffene ebenfalls, sie sei zu dick, obwohl sie gewöhnlich normales Gewicht oder nur geringes Übergewicht hat. Aus ihrer Angst heraus reguliert sie zwanghaft ihr Gewicht, indem sie nach dem Essen alles wieder ausbricht. Meist stopfen sich Bulimiepatientinnen vor dem Erbrechen heißhungrig mit „verbotenen", nämlich sehr kalorienreichen Nahrungsmitteln voll. Manche Magersüchtige zeigen zusätzlich noch Verhaltensformen einer Bulimie, um ihr Gewicht noch strenger unter Kontrolle zu halten.

Eine weitere verbreitete Eßstörung ist die latente Eßsucht. Hiervon Betroffene nehmen gewöhnlich keine Abführmittel und treiben meist auch nicht übermäßig Sport. Sie haben Zeiten, in denen sie alles in sich hineinstopfen, was sie nur erreichen können, und Zeiten, in denen sie versuchen, normal zu essen oder eine Diät zu machen. Sie erbrechen nicht nach dem Essen. Meist haben sie etwas Übergewicht, aber nicht allzuviel. Aber sie sind genauso auf ihr Gewicht fixiert wie Magersüchtige und Eß-Brechsüchtige. Auch hier ist Scham der Nährboden für die Sucht. Je mehr sie sich schämen, desto mehr leben sie ihr Suchtverhalten aus, und je mehr sie sich ausleben, desto mehr schämen sie sich.

Natürlich werden auch hier, wie bei jeder Sucht, die Menschen im Umfeld in den Suchtkreislauf mit hineingezogen, und liebe, treusorgende, beziehungsabhängige Christen bieten jede Menge nutzloser „Hilfe" an. Pastoren, Hauskreisleiter, Älteste und Freunde lassen sich dafür einspannen. Dabei werden dieselben Spielregeln angewandt, wie wir sie bei jenem alkoholsüchtigen Pastor und seiner Gemeinde gesehen haben: Entweder meint man, das Ganze sei nur ein geistliches Problem („Er hat einen Geist der Völlerei"), oder man deutet es psychologisch („Er ist so depressiv, deshalb ißt er so viel"). Und dann versucht man es mit Kontrolle. Dann sagt der Ehemann vielleicht zu seiner magersüchtigen Frau: „Ich bitte dich, iß doch wenigstens diese halbe Scheibe Brot. Ich will dir doch nur helfen!"

Das Beziehungsgeflecht von Abhängigkeit und Co-Abhängigkeit, das Süchtigen ihr Fehlverhalten ermöglicht, kann in jeder kirchlichen Gruppierung vorkommen. In einer christlichen Hilfsorganisation war der Leiter, ein früherer Pastor, ganz offensichtlich sexualsüchtig. Doch seine Sekretärin und andere Mitarbeiterinnen verwahrten sich nicht gegen seine sexuellen Anzüglichkeiten, seine schmutzigen Witze und schlüpfrigen Bemerkungen, sondern gingen einfach darüber hinweg, als sei nichts geschehen. Als seine Ehe in die Brüche ging, weil er sich mit einer anderen Frau eingelassen hatte, wurde auch das hingenommen. Es gab sogar Gerüchte über weitere Affären mit mehreren Frauen, eine Mitarbeiterin eingeschlossen. Alle übersahen großzügig, daß ihr Chef im Hause der Organisation ein privates Schlafzimmer hatte, das die meiste Zeit abgeschlossen war. Jeder machte sich vor, daß da „nichts liefe", obwohl in Wirklichkeit dort eine ganze Menge lief. Daß eine Reihe von Leuten durch diese Vorkommnisse tief verletzt wurden, nahm einfach keiner zur Kenntnis. Schließlich hatten die Eskapaden jenes Mannes jedoch so schwerwiegende Folgen, daß man nicht mehr darüber hinweggehen konnte. Da endlich suchte und erhielt der Leiter die Hilfe, die er brauchte. Doch die einzige Person, die versucht hatte, ihn wegen seines Verhaltens zur Rede zu stellen, wurde bald danach wegen „Nestbeschmutzung" entlassen.

Christliche Leitungspersönlichkeiten als Begünstiger von Suchtverhalten

Wie kommt es, daß die Leiter christlicher Gemeinden und Gruppen so häufig unbeabsichtigt dazu beitragen, daß Menschen in ihrer Sucht steckenbleiben? Nach meiner Erfahrung gibt es dafür drei Hauptgründe:

1. Wenn sie ihr eigenes Suchtverhalten und / oder ihre Abhängigkeit nicht erkennen. Andere Menschen zu prägen und anzuleiten, gehört zu den Aufgaben der Gemeindeleiter. Wenn eine Organisation von oben nach unten wächst, ist das, was die Leiter tun, entscheidend und hat Vorbildcharakter. Wenn Pastor oder Ältestenkreis eigene Probleme in diesem Bereich leugnen, tun andere aus der Gemeinde das auch.

Ich kannte einen Pastor, der in einer Alkoholikerfamilie aufgewachsen und selbst ein „Workaholic" (Arbeitssüchtiger) war. Doch er hatte es nie für nötig gehalten, sich mit seiner eigenen Abhängigkeit zu befassen. Wenn genesungsbedürftige und heilungsuchende Abhängige zu ihm in die Gemeinde kamen, fühlten sie sich von ihm nicht verstanden, weil er jedes Suchtverhalten vergeistlichte und nach seinen Worten der Weg zu einer echten Genesung einzig darin bestand, „ganz Jesus zu vertrauen". Er konnte mit der Arbeit von Selbsthilfegruppen für Alkoholabhängige und deren Angehörige nichts anfangen, weil er die Notwendigkeit dieser Gruppen nicht einsah. Um seinen Standpunkt zu rechtfertigen, sagte er immer, er habe jemanden gekannt, der acht Jahre lang ohne irgendeinen Erfolg zu einer Selbsthilfegruppe gegangen war. Doch dann, nach seiner Bekehrung, sei er augenblicklich durch ein Wunder vom Alkoholismus geheilt worden. Daraus folgerte jener Pastor, daß niemand, der wirklich bekehrt sei, eine Selbsthilfegruppe brauche.

2. Wenn sie nicht klar gesunden und beziehungsabhängigen Glauben auseinanderhalten können. Viele Pastoren und Gemeindeleiter vertreiben Menschen, die sich im Genesungsprozeß von Sucht und Abhängigkeit befinden, unbeabsichtigt aus ihrer Gemeinde. Eine Patientin erzählte mir kürzlich, daß sie die Mitgliedschaft in ihrer alten Gemeinde aufgegeben und sich eine neue

gesucht habe, weil sie es leid sei, Schuldgefühle „aufgepredigt"
zu bekommen, nur weil sie nicht bereit war, drei- bis fünfmal in
der Woche zur Kirche zu gehen. Diese Frau war dabei, sich aus ihrer Beziehungsabhängigkeit zu lösen. Früher hatte sie alles gemacht, was jemand von ihr erwartete. Und wenn gar ihr Pastor sie
um etwas bat, hätte sie nie nein sagen können. Im Verlauf ihrer
Genesung hatte sie nun festgestellt, daß sie ihren „Dienst" nicht
aus Gehorsam Gott gegenüber getan hatte, auch nicht, weil sie
sich wirklich von Gott dazu gerufen wußte, sondern einzig aus
dem Bedürfnis heraus, den Leuten zu gefallen. Sie hatte sich inzwischen aus diesem Verhalten gelöst, war aber noch anfällig für
den Druck, der von der Kanzel her auf sie ausgeübt wurde. Sie erzählte mir, daß es ihr endgültig den Rest gegeben habe, als der Pastor an einem Sonntagmorgen verkündete, daß niemand in einem
Bibelgesprächskreis verantwortlich mitarbeiten dürfe, der nicht
das Versprechen unterschreibe, jeden Sonntag am Gottesdienst
teilzunehmen und außerdem am Mittwochabend zur Bibelstunde
zu kommen. Noch am selben Morgen kündigte diese Frau ihre
Mitgliedschaft in dieser Gemeinde. Und sie hatte Recht damit.
Denn das, was hier erwartet wurde, war nichts als das Einhalten
bestimmter Regeln. Wäre die Patientin in dieser Gemeinde geblieben, dann wäre sie möglicherweise bald wieder in beziehungsabhängige Verhaltensmuster verstrickt worden.

**3. Wenn sie nicht Bescheid wissen über Süchte wie Alkoholis-
mus, Sexualsucht, Eßstörungen, Arbeitssucht und Beziehungsabhängigkeit und nicht bereit sind, sich diesem Problem im eigenen Gemeindeleben zu stellen.** In den meisten Kirchen und Gemeinden gibt es Beziehungsabhängige und andere Suchtkranke.
Doch nur selten wird das erkannt und zugegeben. Am Beispiel von
Martha, das am Anfang dieses Kapitels steht, wird das deutlich:
Ihre Kinder und ihr Mann sprachen mit dem Pastor ihrer Gemeinde
über ihr ungesundes Verhalten. Doch er kümmerte sich nicht darum, sondern ließ sie weiter gewähren.

An einem weiteren derartigen Fall war eine junge Frau beteiligt,
die bei einer Kirchengemeinde angestellt war. Diese Frau war vol-
ler Unternehmungsgeist und sehr intelligent, und sie eroberte sich
im Nu die Herzen aller, die ihr begegneten. Doch ihr Wesen hatte

auch eine dunkle Seite: Sie setzte ständig irgendwelche Lügen in die Welt, und das mit solchem Geschick und Charme, daß ihr kaum beizukommen war. Als das schließlich offenkundig wurde, wertete die Gemeindeleitung es als ein rein geistliches Problem, und deshalb verordneten sie auch eine rein geistliche „Kur": Die junge Frau sollte für einige Zeit in der Familie eines Mitglieds des Leitungskreises leben. Man ging davon aus, daß sich das Problem ganz von selbst löse, wenn sie geistlich „neu belebt" würde. Doch leider änderte sich gar nichts. Es ging unverändert weiter mit der Lügerei. Einige Jahre später kam diese Frau nach einer gescheiterten Ehe zu mir in die Therapie. Nun erkannte sie, daß sie schwer abhängig davon war, für andere zu „sorgen". Außerdem kam in der Therapie ans Licht, daß sie als Kind sexuell mißbraucht worden war und noch immer unter diesem Trauma litt. Weder in ihrer Heimatgemeinde noch in der Gemeinde, in der sie angestellt war, hatte jemand erkannt, daß sie beziehungssüchtig war und daß es ihr wenig half, ihre Lügerei als ausschließlich geistliches Problem zu sehen.

Nebensächlichkeiten werden zur Hauptsache

Neulich erzählte mir die Frau eines Pastors, wie enttäuscht sie von ihrer neuen Gemeinde sei. Diese Gemeinde hat ungefähr fünfhundert Mitglieder. Sie hat drei vollzeitliche Mitarbeiter und einen Teilzeitbeschäftigten, der für die Schulung ehrenamtlicher Mitarbeiter zuständig ist. Das Gemeindezentrum mit all den Gruppenräumen liegt im Zentrum einer geschäftigen, aufblühenden Großstadt und bietet so gute Voraussetzungen dafür, die Menschen der Stadt mit dem Evangelium zu erreichen. Die Frau des Pastors wollte sich mit all ihrem Elan in verschiedenen Arbeitsbereichen der Kirche einsetzen. Doch bald mußte sie feststellen, daß das den Gemeindemitgliedern eher lästig war. Sie wollten in ihrer Selbstzufriedenheit mit dem, was sie als Gemeinde erreicht hatten, nicht gestört werden. Ihre Gespräche und ihr Interesse drehte sich nur noch um belanglose Kleinigkeiten aus dem Gemeindealltag, etwa wie empörend es gewesen sei, als ihr Pastor seine Predigt am

Sonntagmorgen einmal nicht von der Kanzel aus gehalten hatte. Oder man diskutierte, ob es wirklich nötig sei, eine Bibelgesprächsgruppe für Frauen einzurichten, obwohl es doch schon eine traditionelle Frauenstunde gab. In dieser Gemeinde wurden Nebensächlichkeiten so in den Mittelpunkt gerückt, daß für die Aufgaben, die Gott der Gemeinde gestellt hat, keine Kraft mehr übrigblieb. In solch einer Gemeinde fühlen sich höchstens die Alteingesessenen wohl, aber nicht die Menschen, die Antwort und Hilfe für ihre Fragen und Probleme brauchen.

Jede Gemeinde muß sich fragen lassen, ob sie in ihrer Umgebung ein weiser Anwalt für das Evangelium ist und ob sie eine Atmosphäre schafft, in der Menschen wachsen und reifen können und in der sie sich geborgen genug fühlen, um ehrlich über ihre Probleme zu sprechen. Christliche Gemeinden sollten ein Ort sein, wo Menschen sagen können, was sie wirklich fühlen. Hier sollten Männer und Frauen offen über ihre Kämpfe und Ängste sprechen können, ohne befürchten zu müssen, dann von den anderen geistlich abqualifiziert zu werden. Doch leider gibt es nur wenige solche Gemeinden. Wir müssen zugeben, daß wir in diesem Bereich weitgehend versagt haben. Was können wir nun tun?

Die Kirche als therapeutische Gemeinschaft

Viele Jahre lang habe ich mich allein und in Zusammenarbeit mit anderen Therapeuten mit dieser Frage beschäftigt. Aus ihrer selbstgefälligen Ruhe aufzuwachen und therapeutische Gemeinschaften zu werden, ist für christliche Gemeinden und Gruppen eine große Herausforderung und zugleich die Chance, vielen Menschen in ihrer Umgebung das Evangelium von Jesus Christus zu bringen. Eine therapeutische Gemeinschaft ist in erster Linie ein Ort der Sicherheit und Geborgenheit und Annahme, wo gebrochene, innerlich verletzte Menschen gemeinsam mit anderen gegen Probleme und Sucht ankämpfen können, ohne verdammt zu werden. In einer therapeutischen Gemeinschaft ist es belanglos, wie sich der einzelne kleidet, welches Auto er fährt und welchen sozialen Status er hat. Ungeachtet all dieser Äußerlichkeiten wird dort jedem Liebe und Respekt entgegengebracht. Einfache Gemeindeglieder und Theologen lernen in solch einer Gemeinschaft, aufeinander zu hören, einander zu ermutigen und miteinander um Gottes übernatürliche Kraft für ihr alltägliches Leben zu beten, weil sie damit rechnen, daß Gott seine Verheißungen erfüllt. Dort brauchen die Menschen einander nichts vorzumachen. Sie können ihre Fehler und Schwächen offen eingestehen, weil sie erfahren haben, daß sie so geliebt und akzeptiert werden, wie sie sind. Ihr Leben deckt sich mit ihren Worten, und Echtheit bestimmt die Atmosphäre. Da gibt es keinen Wettstreit, geistlicher, demütiger oder vollkommener zu erscheinen als der andere. Meinungsverschiedenheiten und Kontroversen werden nicht verdrängt, sondern in Liebe und Respekt dem Andersdenkenden gegenüber ausgetragen und ausgehalten. Auftauchende Probleme werden so bald wie möglich behandelt und nicht für Wochen, Monate oder Jahre auf die lange Bank geschoben. In einer therapeutischen Gemeinschaft kann man untereinander offen und direkt sein, ohne einander dabei zu verletzen.

Eine therapeutische Gemeinschaft ist ein Ort, wo jeder begreift, daß unter dem Kreuz Christi alle Menschen gleich sind. Niemand braucht sich wegen seiner Fehler vor den anderen zu verteidigen und zu rechtfertigen, weil alle wissen und auch zugeben, daß sie selbst Schwächen haben. Wer gegen Sünde oder Sucht ankämpft, findet Unterstützung, und er darf auch versagen und dann neu beginnen, den Weg des Glaubens weiterzugehen.

Wer diese Grundsätze durchdenkt, dem wird auffallen, daß sie genau das umfassen, was christliche Gemeinden nach ihrer ursprünglichen Bestimmung sein sollen. Natürlich darf man dabei nicht vergessen, daß keine christliche Gemeinschaft jemals zu einer perfekten therapeutischen Gemeinschaft werden kann, weil die Menschen, die dazugehören, ja auch nicht perfekt sind. Trotzdem ist überall in der Welt Neues geschehen, wo einzelne Glaubende und ganze Gemeinden bereit waren, sich in Frage stellen zu lassen und zu neuer Offenheit und Ehrlichkeit und Liebe untereinander fanden.

Wir müssen als die Haushalter und Verwalter der Liebe und Kraft Christi uns neu an dem ausrichten, wozu die Bibel uns auffordert. Unsere Kirchen und Gemeinden sollen ein Zufluchtsort für Abhängige aller Art werden. Hier sollen süchtige Menschen Hilfe und Heilung erfahren und sexuell mißbrauchte Kinder gesunde Vorbilder finden. Doch dazu müssen wir aufhören, uns ständig nur um uns selbst zu drehen. Auch wird es nötig sein, unsere Strukturen, unsere Pläne und unsere Zielvorstellungen zu ändern. Beziehungsabhängigkeit, Sucht und Mißhandlung werden auch dann nicht einfach von der Bildfläche verschwinden. Denn außer dem Alkoholismus, den man schon seit langem in allen Bevölkerungsschichten, auch in christlichen Gemeinden, antrifft, breitet sich heute auch der Drogenmißbrauch immer weiter aus bis hin in Kleinstädte und Dörfer. Und auch Sexualsucht ist immer häufiger anzutreffen. Evangelikale Pastoren und römisch-katholische Priester werden wegen Notzucht an Kindern angezeigt. Ehescheidungen gibt es auch bei christlichen Familien und sogar bei Pastoren. Diese Probleme werden nicht einfach von selbst zurückgehen. Sie werden sich in den nächsten zwanzig Jahren immer weiter verbreiten. Deshalb müssen wir jetzt handeln!

Kapitel 9
Paulas Geschichte

Was können Sie tun, wenn Sie feststellen, daß Sie selbst oder jemand, den Sie liebhaben, beziehungsabhängig oder in einer anderen Form süchtig ist? Vielleicht meinen Sie, daß Sie überhaupt nichts tun können, daß Sie sich zu schwach und zu zerschlagen fühlen, als daß Gott Sie gebrauchen könnte. Doch Gott kann Sie trotz allem innerlich heilen und Sie gebrauchen, wenn Sie sich ihm öffnen. Die Geschichte einer Freundin von mir ist der Beweis dafür, daß Gott auch dann heilen kann, wenn Sie selbst längst alle Hoffnung aufgegeben haben.

Meine Freundin ist mit einem international engagierten christlichen Leiter verheiratet. Viele Jahre ist Paula eine Stütze für ihren Mann gewesen. Sie hat den Haushalt mustergültig geführt und gut für die Kinder gesorgt. Die meisten Leute in ihrer Gemeinde kannten sie nur als eine ruhige Frau, die ihre Hausarbeit mochte und sonst nicht weiter auffiel. Doch dann hat Paula ganz neue Erfahrungen mit Gott gemacht. Lebenslang hatte sie eine Last mit sich herumgeschleppt, von der nur wenige wußten und die sie selbst zu vergessen versuchte: Paula kam aus einer Alkoholikerfamilie. Während ihres Studiums hatte Paula durch eine Freundin zu Christus gefunden. Trotzdem konnte sie nie recht fröhlich sein. Ein tief verwurzelter Schmerz, quälende Depressionen und Schuldgefühle nagten an ihr. Viele Jahre suchte sie nach der Ursache dafür. Sie glaubte, alles sei nur deshalb so schlimm, weil sie als Christ nicht „gut genug" war, nicht genug glaubte und vertraute oder weil sie einen Makel mit sich herumtrug. Sie meinte, als Frau eines Pastors müsse sie immer ausgeglichen und untadelig auftreten. Deshalb ließ sie sich nie anmerken, wie elend sie sich tatsächlich fühlte. Wieder und wieder versuchte Paula, das Problem allein zu lösen. Doch Bücher lesen, Seminare besuchen und noch mehr beten – das alles schien nicht viel auszurichten. Schließlich sagte sich Paula, daß es ein glückliches, erfülltes Christenleben wohl nur für andere gebe, aber nicht für sie. Das einzige, woran sie sich noch festhalten konnte, war die Hoffnung, daß im Himmel bei Jesus alle ihre Probleme gelöst sein würden.

Eines Tages gab ihr jemand eine Informationsschrift über die Arbeit einer Selbsthilfegruppe für Angehörige von Alkoholabhängigen. Zunächst begriff Paula nicht, was sie damit anfangen sollte, obwohl sie alles recht interessant fand. Dann zeigte Gott ihr, sie solle sich bei einem Ehepaar, das in einer Kirche seelsorgerliche Aufgaben hatte, einmal richtig aussprechen. Zuerst wollte sie das nicht, weil es ihr zu dumm vorkam, aber schließlich ging sie doch zu den beiden und schüttete ihr Herz bei ihnen aus. In den folgenden Monaten ließ sie nach und nach ihren Schmerz und ihre Wut heraus und auch ihre Scham über den Alkoholismus in ihrem Elternhaus. Das Ehepaar betete viel mit ihr, kämpfte an ihrer Seite, lachte und weinte mit ihr gemeinsam und zeigte Paula echtes Mitgefühl und bedingungslose Annahme. Zum ersten Mal in ihrem Leben fing Paula an, sich frei zu fühlen – frei, sie selbst zu sein und ihre Maske der Perfektion fallenzulassen. Nach und nach erkannte sie, welche Auswirkungen auf ihre Ehe und das Verhältnis zu ihren Kindern die beziehungsabhängigen Verhaltensmuster hatten, die sie als Kind eingeübt hatte, um im Chaos ihres Elternhauses zu überleben.

Paulas Leben begann sich zu wandeln. Auf ihre Vergangenheit, auf die Erlebnisse in ihrer Kindheit und Jugend zurückzuschauen und ihre gegenwärtigen Verbindungen zu anderen Menschen auf beziehungsabhängiges Verhalten hin zu durchforschen, war für sie sehr schmerzlich. Anderen zu vergeben, wurde für sie sehr wichtig. Nach und nach konnte sie auch begreifen und annehmen, daß sie nicht für den Alkoholismus ihrer Eltern verantwortlich war. Sie war jetzt erwachsen und nur noch verantwortlich für ihre Reaktion auf das Geschehen der Vergangenheit. Eine der größten Entdeckungen war für sie, daß sie nun freie Entscheidungen treffen konnte – sie war kein wehrloses Opfer mehr, das nur auf das reagieren konnte, was andere taten. Es dauerte lange, bis Paula Veränderungen in ihrem Umgang mit ihrer Familie und ihren Freunden sehen konnte. Wie andere Genesende erfuhr auch Paula, daß bestimmte Erlebnisse sie immer wieder zurückwarfen. Noch heute sagt sie sehr vorsichtig, sie sei noch immer auf dem Wege und noch nicht am Ziel.

Ich erinnere mich noch genau an den Sonntag, als Paula in einem besonderen Gottesdienst von ihren Erfahrungen erzählte. Viele Leute hatten sie noch nie zuvor sprechen hören, weil sie sich immer im Hintergrund gehalten hatte. Als sie sprach, war es mucksmäuschenstill unter den dichtgedrängten Zuhörern. Manchen kamen die Tränen, und als Paula fertig war, wurde stürmisch applaudiert. Viele konnten kaum fassen, wie jemand, der ganz normal zu sein schien, aufstehen und offen von seinen Problemen und Ängsten, von seiner Wut und seinem Schmerz sprechen konnte. In den folgenden Wochen brach eine wahre Flut von Anfragen über das christliche Beratungszentrum am Ort herein – alles Anfragen von Christen, die aus Alkoholikerfamilien kamen. Paulas Offenheit hatte sie ermutigt, sich ebenfalls ihrem Schmerz zu stellen und Hilfe zu suchen.

Paula hat inzwischen in den Vereinigten Staaten und in anderen Ländern in Gottesdiensten und bei christlichen Konferenzen von ihren Erfahrungen erzählt und mit vielen Menschen gebetet, die ihre Hilfe suchten. Sie hat eine ganze Reihe von christliche Selbsthilfegruppen für erwachsene Kinder von Alkoholabhängigen ins Leben gerufen und hat Menschen geschult, die diese Gruppen leiten. Sie selbst betreut auch eine solche Gruppe. Das alles wurde möglich, weil Paula den Mut hatte, sich ihrem Schmerz zu stellen und Gott an sich arbeiten zu lassen.

Vielleicht sind Sie von Schmerz oder Schuldgefühlen oder Angst überwältigt, nachdem Sie durch dieses Buch zum ersten Mal mit Ihrer eigenen Bedürftigkeit konfrontiert worden sind. Paulas Leben zeigt, wie Gottes heilende Kraft einen Menschen verändern kann. Gott will an Ihnen genauso wirken wie an Paula. Beziehungsabhängigkeit und Sucht anzugehen kostet Mut und Kraft. Aber Sie sind bei Ihrem Kampf nicht allein! Gott segne Sie, wenn Sie die ersten Schritte wagen!

Literaturverzeichnis

Alsdurf, Jim and Phyllis, The Generic Disease, Christianity Today 32 (December 9, 1988)

Beattie, Melody, Mut zur Unabhängigkeit. Wege zur Selbstfindung und inneren Heilung (Unterhaching: Heyne-Verlag, 1992)

Benedict, Ruth, The Chrysanthemum and the Sword (Boston: Houghton-Mifflin, 1946)

Black, Claudia, Mir kann das nicht passieren. Kinder von Alkoholikern als Kinder, Jugendliche und Erwachsene (Wildberg: Bögner-Kaufmann, 1988)

Bloom-Feshbach, Jonathan and Sally. The Psychology of Separation and Loss (San Francisco: Jossey-Bass Publishers, 1987)

Bowlby, J., Bindung. Eine Analyse der Mutter-Kind-Beziehung (Frankfurt: Fischer Taschenbuch)

Bowlby, J., Trennung. Psychische Schäden als Folge der Trennung von Mutter und Kind (Geist und Psyche) (Frankfurt: Fischer Taschenbuch)

Bradshaw, John, Healing the Shame that Binds You (Deerfield Beach, Florida: Health Communcations, 1988)

Buie, James, Twelve Step Programm Can Boast Therapy. The APA Monitor 18 (November, 1987)

Carnes, Patrick, Zerstörerische Lust (Unterhaching: Heyne-Verlag, 1989)

Carnes, Patrick, Counseling the Sexual Addict. Symposium presented at the Institute of Behavioral Medicine (Golden Valley, Minnesota: September, 1988)

Carter, Steven, und *Sokal, Julia,* Die Angst vor der ewigen Liebe. Bindungsphobien der Männer (Glattbrugg: Diana-Verlag, 1989)

Cermak, Timmen L., M. D. , Diagnosing and Treating Co-dependence (Minneapolis: Johnson Institute, 1986)

Cohen, Sidney, The Chemical Brain: The Neurochemistry of Addictive Desease (Minneapolis: Care Institute, 1988)

Fitzgerald, Kathleen Whalen, Ph. D., Alcoholism: The Genetic Inheritance (New York: Doubleday, 1988)

Foster, Richard J., Nachfolge feiern. Geistliche Übungen neu entdeckt (Wuppertal: Oncken, 1988)

Friel, John and Linda, Adult Children (Deerfield Beach, Florida: Health Communications, Inc., 1988)

Friends in Recovery, The Twelve Steps – A Spiritual Journey (San Francisco: Jossey-Buss Publishers, 1987)

Harley, Willard, His Needs, Her Needs: Building an Affair-Proof Marriage (Old Tappan: Fleming H. Revell Company, 1986)

Hart, Archibald D., Addicted to Pleasure, Christianity Today 32 (December 9, 1988)

Hatterson, Lawrence, The Pleasure Addicts (San Diego: A. S. Barnes and Co., 1980)

Joy, Donald, Bonding (Waco, Texas: Word Publications, 1985)

Joy, Donald, Re-Bonding (Waco, Texas: Word Publications, 1986)

Klagsburn, Francine, Married People: Staying Together in a Age of Divorce (New York: Bantam Books, 1989)

Lenters, William, The Freedom We Crave: Addiction – The Human Condition (Grand Rapids: Wm. Eerdmans Co., 1985)

Lewis, C. S., Die große Scheidung (Einsiedeln: Johannes Verlag, 1992)

Lynd, Helen Marrell, On Shame and the Search for Identity (Eugene, Oregon: Harvest House Publications, 1958)

Maultsby, Maxie C., Jr., Praxis der Selbstberatung bei seelischen Problemen. Durch gesunden Menschenverstand zu angemessenem Fühlen und Verhalten (Freiburg: Herder-Verlag)

May, Gerald, Grace and Addiction (San Francisco: Harper and Row, Inc. 1988)

Mouw, Richard, The Life of Bondage in the Light of Grace, Christianity Today 32 (December 9, 1988)

Nobel, Lowell L., Naked and Not Ashamed (Jackson, Michigan: Jackson Printing, 1975)

Norwood, Robin, Wenn Frauen zu sehr lieben. Die heimliche Sucht, gebraucht zu werden (Hamburg: Rowohlt, 1986)

Rentzel, Lori Thorkelson, Emotional Dependency: A Threat to Close Friendships (San Rafael, California: Exodus Internationals, 1984)

Rinck, Margaret Josephson, Renewing Your Mind (Fairfield, Ohio: Lay Leadership International, 1984)

Rinck, Margaret Josephson, Christian Men Who Hate Women (Cincinnati: Act Resources, 1988)

Rinck, Margaret Josephson, Male-Female Relationships: Discovering Unhealthy Patterns (Cincinnati: Act Resources, 1988)

Sandford, Linda T., and *Donovan, Mary Ellen,* Woman and Self-Esteem (New York: Penguin Books, 1984)

Schaef, Anne Wilson, Co-Abhängigkeit. Die Sucht hinter der Sucht (Wildberg: Bögner-Kaufmann, 1986)

Schaef, Anne Wilson, and *Fassel, Diane,* The Addictive Organization (San Francisco: Harper and Row Publishers, 1988)

Schaeffer, Brenda, Wenn Liebe zur Sucht wird (Unterhaching: Heyne-Verlag, 1990)

Sloat, Donald E., The Dangers of Growing Up in a Christian Home (New York: Thomas Nelson Publishers, 1986)

Subby, Robert, Inside the Chemically Dependent Marriage: Denial and Manipulation, Co-Dependency, An Emerging Issue (Pompano Beach, Florida: Health Communications, 1984)

Sweeten, Gary Ray, Breaking free from the Past (Cincinnati, Ohio: Christian Information Committee, 1983)

Sweeten, Gary R., Training of Lay People in The Local Church, Doctoral Dissertation, University of Cincinnati. Dissertation Abstracts International, 1975

Wegscheider-Cruse, Sharon, Es gibt doch eine Chance! Hoffnung und Heilung für die Alkohol(iker)-Familie (Wildberg: Bögner-Kaufmann, 1988)

Woititz, Janet G., Um die Kindheit betrogen. Hoffnung und Heilung für erwachsene Kinder von Suchtkranken (München: Kösel-Verlag, 1990)

Weitere Bücher aus dem Blaukreuz-Verlag Wuppertal und dem Blaukreuz-Verlag Bern

Karl Lask
Wir brechen das Schweigen
Kinder von Alkoholabhängigen wecken Hoffnung
136 S., Pb., Illustrationen, z. Z. DM 19,80 / sFr. 19,80 / öS 155,00

Kinder aus Familien mit einer Suchtproblematik durchbrechen ein weitverbreitetes Tabu und berichten offen über ihr leidvolles Erleben. Die Kommentare des Autors, der jahrzehntelang intensiv mit Familienangehörigen gearbeitet hat, ermutigen Jugendliche, Eltern und Angehörige, über Gefährdungen nachzudenken und ihnen entgegenzuwirken.

Karl Lask
Der Kuß der Selene
Frauen von Alkoholabhängigen machen Mut
2. Auflage
128 S., Pb., Illustrationen, z. Z. DM 17,80 / sFr. 17,80 / öS 139,00

„Ach, was müssen Sie glücklich sein, daß Ihr Mann nicht mehr trinkt!" ist nur zu oft eine irrige Annahme. Denn trotz der Abstinenz des Partners kann es handfeste Probleme geben, die der Bearbeitung bedürfen. Die ergreifenden Berichte sind insbesondere dadurch wertvoll und hilfreich, daß sie aus dem persönlichen Erleben aufzeigen, wie diese Nöte überwunden werden können.

Eberhard Rieth
alkoholkrank?
Eine Einführung in die Probleme des Alkoholismus für Betroffene, Angehörige und Helfer
11. überarbeitete Auflage
172 S., Pb., Illustrationen, z. Z. DM 19,80 / sFr. 19,80 / öS 155,00

Alkoholismus – Krankheit oder moralisches Versagen? Ist Alkoholismus erblich? Können Alkoholiker geheilt werden? Haben religiöse Fragen eine Bedeutung für die Heilung des Alkoholkranken? Allgemeinverständlich werden Ursachen und Verlauf süchtigen Verhaltens aufgezeigt und Hilfen zum besseren Verständnis des Suchtkranken gegeben. Das Buch zeigt Wege zur Gesundung des Alkoholkranken und leitet Helfer und Angehörige zu neuer Partnerschaft an.

Weitere Bücher aus dem Blaukreuz-Verlag Wuppertal und dem Blaukreuz-Verlag Bern

Joachim Körkel (Hrsg.)
Rückfall muß keine Katastrophe sein
Ein Leitfaden für Abhängige und Angehörige
2. Auflage
104 S., Pb., Illustrationen, z. Z. DM 16,80 / sFr. 16,80 / öS 131,00

Rückfälle werden oft verschwiegen, gedeckt, bagatellisiert oder scharf geahndet. Doch damit ist Betroffenen und Mitbetroffenen nicht gedient. Hilfreich und weiterführend ist statt dessen, den Rückfall konstruktiv zu bewältigen und Ansatzpunkte dafür zu finden, eine Wiederholung zu verhindern. Dieser Leitfaden will dazu praktische Wege weisen – nicht nur für Alkohol-, sondern auch für Drogen-, Medikamenten-, Eß- oder Spielsüchtige und deren Angehörige.

Hans Klein
Beratungsgespräche mit Angehörigen von Alkoholabhängigen
Wie Angehörige sinnvoll helfen können
2., überarbeitete und erweiterte Auflage
160 S., Paperback, z. Z. DM 18,80 / sFr. 18,80 / öS 147,00

Angehörige sind oft ratlos, wie sie sich im Umgang mit ihrem alkoholabhängigen Partner verhalten sollen. Die hier dargestellten Gesprächsausschnitte wollen dazu Rat und Hilfe bieten. Die Problemfelder gehen aus den Überschriften und dem Stichwortverzeichnis hervor. Der Leser findet also gezielte Aussagen zu einer akuten Situation.

Arline Westmeier
Die verletzte Seele heilen
Gesundung durch Seelsorge
– mit Fallbeispielen und Illustrationen –
4. Auflage
120 Seiten, Paperback, z. Z. DM 17,80 / sFr. 17,80 / öS 139,00

Viele Menschen haben seelische Verletzungen verdrängt. Unerklärliche Verhaltensweisen sind die Folge. An zahlreichen Beispielen macht die Autorin deutlich: Es gibt Befreiung von der belastenden Vergangenheit. Vielen Ratsuchenden hat sie geholfen, sich ihren schmerzhaften Erinnerungen und Gefühlen zu stellen, sie an Jesus Christus abzugeben und sich von ihm dauerhaft heilen zu lassen.